AF508903

LA DEFENSE
DV
FORMVLAIRE
DRESSE'
PAR L'ASSEMBLEE'
DV CLERGE'.

Contre les derniers Libelles des Iansenistes.

Par le R. P. Dom Pierre de Saint Ioseph
Religieux Fueillant.

Dediée à Monseigneur DE MARCA
Archeuesque de Toulouse, nommé par le Roy
à l'Archeuesché de Paris.

A PARIS,

Chez François Muguet, Imprimeur & Libraire ord.
du Roy, ruë de la Harpe, aux Trois Roys.

M. DC. LXII.
Auec Permission & Priuilege du Roy.

A MONSEIGNEVR
DE MARCA
ARCHEVESQVE
DE TOVLOVSE,
NOMME' PAR LE ROY
A L'ARCHEVESCHE' DE PARIS.

ONSEIGNEVR,

*Quoy que j'aye trauaillé auec
soin à perfectionner ce petit Ou-*

ã ij

EPISTRE.

urage, selon les forces & les con-
noissances que Dieu m'a données, & que le sujet dont il
traitte ne puisse point vous dé-
plaire, puis qu'il n'a esté composé que pour defendre le Formulaire de Foy que vous auez, approuué & signé auec la plus part
des autres Prelats de France;
J'aduoüe pourtant que ce n'est
pas sans quelque apprehension
que je prends la liberté de le pre-
senter à vostre Grandeur.

Je sçay MONSEIGNEVR,
que vous ne pouuez rien appren-
dre par la lecture de cét Ecrit,
n'estant fondé que sur des rai-
sonnemens & des exemples tirez de l'ancienne Theologie que
vostre Grandeur possede en per-

fection. Je reconnois aussi que
toutes les lumieres que je puis
auoir acquises par l'estude de
beaucoup d'années, ne sont que
des tenebres à l'égard de cette
science sublime & vniuerselle
qui vous a fait paroistre auec
tant d'éclat, soit dans les plus
hautes charges de la Robe, soit
dans les dignitez plus releuées
de l'Eglise, que le Roy ne jugeant pas que l'Euesché de
Couserans, ny mesme l'Archeuesché de Toulouse fut vne re-
compense égale à vos merites, a
creu vous faire justice de vous
nommer Archeuesque de la plus
grande Ville du monde.

Ainsi, ne pouuant rien produire de moy-mesme qui soit incon-

EPISTRE.

nû à voſtre Grandeur, ny par
conſequent qui puiſſe luy donner
cette ſatisfaction ſurprenante
que les choſes agreables cauſent
par leur nouueauté : Il ſemble,
MONSEIGNEVR, que ce ne
ſoit pas vous traitter auec aſſez
de reſpect, que de vous preſen-
ter vne choſe qui ne peut vous
eſtre que fort inutile.

Ce qui augmente encore mon
juſte déplaiſir eſt, qu'ayant trauaillé à cette défenſe durant les
interualles d'vne maladie tres-
fâcheuſe, je dois craindre que
voſtre Grandeur n'y trouue pas
ce peu de vigueur qu'elle a
témoigné d'auoir remarqué en
d'autres Liures que j'ay compo-
ſez dans vne meilleure ſanté,

particulierement en celuy où j'ay monstré que les cinq Propositions que le Pape a condamnées, sont effectiuement dans Ianfenius, selon le sens condamné.

Neantmoins apres auoir fait reflexion sur le sujet de ma crainte, il me semble, Monseigneur, que ce seroit vous faire quelque sorte d'injure que de m'arrester à ces raisons qui veulent m'empescher de vous rendre mes deuoirs. En effet, ne seroit-ce pas vous accuser de ne vouloir pas imiter cette bonté infinie qui se contente de nos seruices, quoy que nous ne puissions luy offrir rien de nouueau, ny qui soit capable

ã iiij

EPISTRE.

de luy apporter aucune vtili-
té ?

N'y auroit-il pas lieu encore de penſer, que vous ne condamnez pas ſerieuſement auec
le Pape, cette horrible impieté
de Ianſenius qui porte : Que
Dieu exige de nous des choſes
qui paſſent nos forces preſen-
tes, Si vous n'eſtiez pas ſatis-
fait d'vn trauail qui contient
tout ce que mon eſprit m'a pû
fournir de meilleur, & de plus
fort dans l'eſtat de ma foibleſſe?

Il eſt vray, MONSEIGNEVR,
que je n'ay pas défendu le Formulaire auec toute l'adreſſe, &
tout le ſuccés qu'on eût pû attendre d'vne plume plus ſça-
uante que la mienne. I'oſe pour-

tant esperer que vostre Grandeur me sera assez fauorable pour juger que j'ay empesché par ma resistance, quoy que foible, que les Iansenistes n'ayent reüssi dans le dessein criminel qu'ils auoient de le ruïner entierement; & que bien loin de luy auoir porté plusieurs coups mortels, comme ils en font courir le bruit, ils ne luy ont pas seulement donné la moindre atteinte.

Mais quand je n'aurois pas esté assez heureux, MONSEIGNEVR, pour le déliurer sain & entier de leurs mains profanes, l'on ne peut nier que je ne me sois exposé aux coups pour l'en garentir, & que le repos que j'ay tâché de luy procurer

ne m'ait engagé dans vne nouuelle guerre. Ce qui du moins
eſt vn témoignage de ma bonne
volonté , & qui peut obliger
ces grandes Ames qui s'inte-
reſſent pour le Formulaire , à me
ſçauoir quelque gré de l'effort
que j'ay fait pour ſa conſerua-
tion.

Certes, MONSEIGNEVR,
il me ſeroit bien rude , ſi durant que les Pariſiens ſe ré-
jouïſſent de vous auoir pour leur
Paſteur, & de trouuer en voſtre
Grandeur vne puiſſante protection contre le Ianſeniſme , il
ne m'eſtoit pas permis de prendre part à cette réjouïſſance publique, & de vous dédier dans
vne ſi belle conjončture, vn Ou-

EPISTRE.

urage où les dernieres attaques
de cette Heresie sont repoußées
pour marque asseurée du veritable respect, & si je l'ose dire,
de la parfaite amitié que j'ay
conseruée inuiolablement depuis
le College, pour vostre illustre
Personne.

Apres tout, MONSEIGNEVR,
je suis trop persuadé de vos bon-
tez pour croire que vous n'ap-
prouuiez pas que je m'acquitte
maintenant d'vne obligation si
ancienne, & que sans blesser
vostre modestie, je satisfasse
mon inclination en publiant, à
la gloire de l'Auteur de tout
bien, que je vous ay regardé
depuis long-temps comme vn
Personnage extraordinaire, de-

stiné du Ciel pour des choses encore plus grandes que celles que
vous auez heureusement ac-
complies, & que vous execu-
terez bien-tost si Dieu exau-
ce les souhaits & les prieres de
celuy qui fait gloire de se dire,

MONSEIGNEVR,

DE VOSTRE GRANDEVR,

Le tres-humble & tres-obeïssant
serviteur en IESVS-CHRIST,
FR. PIERRE DE S. IOSEPH,
Religieux Fueillant.

PREFACE.

Où l'on fait voir les artifices dont les Iansenistes se sont seruis pour éluder les Constitutions des Papes, par lesquelles les Cinq Propositions de Iansenius ont esté condamnées: & la foiblesse de l'vnique raison qu'ils proposent contre le Formulaire des Euesques.

DEPVIS que le Pape Innocent X. a censuré les Cinq Propositions de Iansenius , les

PREFACE.

Defenseurs de ce Prelat ont employé diuers moyens pour éluder cette Cenfure, & la rendre inutile. Premierement, ils fe font jettez dans la queftion de droict, foûtenant que toutes ces Propofitions dans le veritable fens de leur Auteur, fe deuoient reduire à la neceffité de la Grace efficace par elle-mefme, & qu'ils n'auoient qu'à montrer par la fainte Efcriture & par les Peres, que nous auons befoin de cette forte de Grace pour toutes les actions de pieté, pour inferer de là que les Cinq Propofitions font tres-Catholiques dans le fens de Ianfenius. C'eft à quoy ils ont trauaillé fortement dans vn Liure qui porte pour titre, *Defenfe de la Conftitution d'Innocent X. &c.* faifant femblant d'y vouloir defendre ferieufement

PREFACE.

cette Conſtitution , quoy qu'ils
ne l'ayent compoſé que par vn deſſein formé de la ruiner entierement : ſuiuans en cela leur ancienne methode, qui eſt de donner à
leurs Ouurages des titres du tout
contraires au ſujet dont ils y traittent.

Mais nous auons oppoſé à cette
fauſſe & ridicule Defenſe , la veritable Defenſe de la Conſtitution
d'Innocent X. par laquelle nous
faiſons voir premierement , que
tout ce que ces Meſſieurs rapportent , ſoit de la ſainte Eſcriture, ſoit
des Peres , particulierement de
S. Auguſtin, pour prouuer la neceſſité d'vne Grace efficace par
elle-meſme, ne prouue nullement
ce qu'ils pretendent. En ſecond
lieu, que quand ils prouueroient
efficacement par les paſſages qu'ils

alleguent, que nous auons befoin pour chaque bonne action d'vne Grace efficace par elle-mefme, cela ne feruiroit de rien au deffein principal qu'ils ont de fouftraire à la Cenfure de Rome les Cinq Propofitions de Ianfenius. Ainfi, nous les auons contraints d'abandonner ce pofte, quoy qu'ils s'y fuffent retranchez fi auantageufement qu'ils ne croyoient pas qu'aucun de leurs Aduerfaires fuft affez hardy pour les y attaquer.

Voyant donc qu'ils ne pouuoient tirer aucun fecours du droict pretendu de Ianfenius, ils fe font jettez fur la queftion de faict, & ont tâché par vn fecond effort de montrer que les Cinq Propofitions condamnées ne font point dans Ianfenius, ny quant aux termes, ny quant au fens. C'eft à quoy

PREFACE.

quoy ils ont employé vn Eclairciffement pretendu qu'ils ont fait pa-
roiftre fous le nom de Denys Raymond, publiant auec leur vanité
ordinaire, que c'eftoit vn Ouurage inuincible, & qu'il eftoit impoffible d'y répondre auec quelque folidité. Mais la verité eft,
que cét Efcrit ne meritoit point de
Réponfe; n'eftant remply que de
fupercheries & de fauffetez fi grof-
fieres, que tous ceux qui font bien
inftruits des fentimens de Ianfenius, pouuoient les découurir &
les refuter fans beaucoup de peine. Neantmoins parce qu'il fe
trouue des perfonnes fimples qui
fe laiffent facilement feduire par
les difcours artificieux & apparens
de la nouueauté, il a efté neceffaire de répondre exactement à cét
Eclairciffement fait à plaifir, de

PREFACE.

marquer ſes artifices , de diſſiper ſes nuages , de combattre ſes faux raiſonnemens , & de montrer qu'il eſt tres-vray que les Cinq Propoſitions ſont dans Ianſenius quant au ſens , & que le Pape les a condamnées d'hereſie dans le ſens de cét Auteur. C'eſt ce que nous auons fait voir ſi éuidemment dans la Réponſe au Liure de Denys Raymond, que ces Meſſieurs en ſont demeurez conuaincus : comme on le peut juger bien certainement de leur ſilence. N'eſtant nullement croyable qu'ils euſſent abandonné leur propre Cauſe dans vn poinct qui leur eſtoit de la derniere conſequence, s'ils euſſent pû trouuer de quoy la défendre contre l'Eſcrit que je leur ay oppoſé. En effet , n'auoüent-ils pas dans tous leurs Libelles, que les Cinq

PREFACE.

Propofitions font heretiques en elles-mefmes, & dans leur fens propre & litteral ? Et Monfieur Arnauld ne dit-il pas qu'il con- *Let-tre 2. page 139.* damne fincerement les Cinq Pro- pofitions cenfurées en quelque Liure qu'on les puiffe trouuer fans exception, & par confequent auffi-bien dans le Liure de Ianfenius, que dans tout autre où elles fe trouueront ? Puis donc que je leur ay fait voir clairement que Ianfe-nius foûtient ces Propofitions en elles-mefmes , & dans leur fens propre & litteral ; ne font-ils pas forcez malgré qu'ils en ayent, de conclure de là qu'il les foûtient dans vn fens heretique ?

Certes des Ecriuains bien in-tentionnez , & qui ne cherche-roient que la verité fe feroient ren-dus à ce coup, & auroient mis les

ẽ ĳ

armes bas : fur tout apres auoir
protefté plufieurs fois que fi on
leur monftroit folidement que les
Cinq Propofitions font dans Ianfenius, felon le fens condamné,
ils ne diroient plus mot, & fe foû-
mettroient au jugement de l'Eglife. Mais comme les Ianfeniftes ne
fongent à rien moins qu'à connoiftre la verité, puis qu'ils ne laiffent
pas de la combattre lors mefme
qu'il eft impoffible qu'elle leur
foit inconnuë : fe voyans chaf-
fez honteufement de ce fecond
retranchement, & hors d'efpe-
rance de tirer aucun fecours non
plus du faict que du droict de
Ianfenius, ils fe font aduifez
d'vne autre fineffe, fouftenant
que foit que les Propofitions fe
trouuent dans cét Autheur, felon le fens condamné, ou qu'elles

PREFACE.

ne s'y trouuent pas , on ne peut
point les obliger de croire qu'elles
sont heretiques au sens de ce Prelat. Parce que cette confession
suppose qu'on croit de Foy Diuine
qu'elles sont effectiuement dans
son liure , ce qui ne se peut dire
sans heresie ; puis que , qu'elles y
soient , c'est vn faict qui n'est
point reuelé ny dans la sainte Escriture , ny dans la tradition Apostolique , & qui par consequent ne
peut pas estre l'object de nostre
Foy , mais seulement d'vne connoissance humaine , & sujette à
erreur. Ils condamnent aussi par
cette raison le Formulaire des
Euesques , parce qu'il oblige à
croire , & à signer que les Cinq
Propositions condamnées par le
Pape , sont heretiques dans le sens
de Iansenius : confondant cette

ẽ iij

PREFACE.

confeſſion auec celle qui recon-
noiſtroit ſeulement que ces Propoſitions ſont dans Ianſenius.

Quoy qu'il n'y ait rien de plus
foible que ce raiſonnement, les
Ianſeniſtes ne laiſſent pas de chan-
ter victoire, comme s'il eſtoit, pour
me ſeruir de la comparaiſon de
Denys Raymond, auſſi éuident
que les Demonſtrations d'Eucly-
de. Nous voyons meſmes auec
eſtonnement & auec déplaiſir que
quelques Prelats, d'ailleurs habi-
les, & de grand exemple, ſe ſont
tellement laiſſez eſbloüir par l'é-
clat de ce faux raiſonnement,
qu'ils ſe ſont mis du party de ces
Rebelles, ont appuyé leur obſtination qu'ils auoient blaſmée autrefois, ont écrit au Pape, & au
Roy en leur faueur, ont décrié le
Formulaire, & blaſmé les Eueſ-

ques qui l'ont dreſſé , ont voulu
faire paſſer le Ianſeniſme pour vn
ſonge & pour vne chimere; & enfin, nous ont repreſenté les Ianſeniſtes comme des perſonnes tres-
vertueuſes , tres-Catholiques , &
meſme tres-affectionnez au Saint
Siege de Rome, & tres-ſoûmiſes
au Vicaire de IESVS-CHRIST: ce
qui paſſe toutes les hyperboles des
Orateurs, & des Poëtes.

Vn peu de reflexion ſur ce que
nous auons dit cy-deuant peut ſuffire pour defendre le Formulaire
contre cette attaque. Car puis que
les Ianſeniſtes confeſſent qu'il eſt
de Foy que les Cinq Propoſitions
ſont heretiques en elles-meſmes,
ils doiuent confeſſer auſſi qu'il eſt
de Foy que tous ceux qui les ſoûtiennent en elles-meſmes , les ſoûtiennent dans vn ſens heretique,

ẽ iiij

comme les paroles que nous auons rapportées de Monsieur Arnauld le monstrent clairement. Et estant constant d'ailleurs que Iansenius les soûtient en elles-mesmes, comme je l'ay demonstré, il faut de necessité qu'ils aduoüent, s'ils sont raisonnables, qu'il est de Foy que Iansenius les soûtient dans vn sens heretique. D'où il s'ensuit euidemment que le Pape a eu raison de condamner d'heresie ces Propositions dans le sens de Iansenius, & que les Euesques ont fait tres-sagement d'obliger par leur Formulaire à croire & confesser qu'elles sont heretiques dans le sens de Iansenius.

La raison qu'ils opposent n'est fondée que sur vne faussetè visible. Car les Euesques n'obligent point à croire de Foy diuine que les Pro-

PREFACE.

pofitions font dans Ianfenius, mais
feulement à croire qu'elles font
heretiques au fens de Ianfenius. Ce
qui eft tres-different, comme on
le peut juger par cét exemple. Sup-
pofons que le Pape condamne
d'herefie cette propofition de Caluin. *Iesvs-Christ n'eft point
reellement & fubftantiellement dans
l'Euchariftie apres 'la Confecration,
mais feulement en figure & par Foy,*
& que les Euefques de France faffent vn Formulaire de Foy où cette
confeffion foit inferée : *Ie croy que
cette propofition eft heretique dans le
fens de Caluin.* Qui doute que ces
Prelats ne puiffent obliger les Ec-
clefiaftiques de leur Diocefe de
foufcrire à ce Formulaire, fur tout
s'il eft approuué du Pape, & qu'ils
n'ayent droict de traitter d'heretiques tous ceux qui refuferont de

PREFACE.

le ſigner ? Ce n'eſt pas que par cette confeſſion ils obligent de croire
de Foy Diuine vn pur faict non reuelé, ſçauoir que cette Propoſition eſt de Caluin, mais vn droict
reuelé qui enferme & qui ſuppoſe
ce faict. En ſorte qu'eſtant vne
choſe veritable, quoy que non
connuë par reuelation, que la
propoſition dont il s'agit eſt de
Caluin, il eſt de Foy qu'elle eſt
heretique au ſens de cét Autheur.
Comme donc en ce cas celuy-là
ſeroit ridicule qui ne voudroit
point diſtinguer ces deux choſes;
L'vne, que la propoſition qui ex-
clut le Corps de Iesvs-Christ
de l'Euchariſtie, eſt dans Caluin:
L'autre, que cette propoſition eſt
heretique au ſens de Caluin; & qui
ſous pretexte que la premiere n'eſt
qu'vn pur faict non reuelé, vou-

PREFACE.

droit soûtenir le mesme touchant la seconde , & par consequent qu'on peut nier l'vne , & l'autre sans heresie. Ainsi les Iansenistes découurent leur ignorance, ou leur malice lors qu'ils confondent ces deux choses ; l'vne, que les Cinq Propositions sont dans Iansenius; & l'autre, que ces Propositiós sont heretiques au sens de Iansenius; & qui s'imaginent que la seconde n'est pas matiere de Foy , parce que l'autre ne l'est pas, & qui prennent sujet de cette méprise si grossiere de décrier le Formulaire, & de traitter injurieusement les Euesques qui l'ont composé; comme si obligeant de croire que les Propositions sont heretiques dans le sens de Iansenius, ils tomboient dans l'erreur de celuy qui diroit, qu'il est de Foy que les Cinq Propositions sont dans Ianfenius. Certes la Foy ne nous apprend pas que Ianfenius ait enfeigné ces Propofitions, ou qu'elles foient dans fon Liure ; mais fuppofé qu'il les ait enfeignées, comme nous l'auons demonftré dans la Réponfe à Denys Raymond, il eft de Foy qu'elles font heretiques au fens de cét Autheur ; comme il eft de Foy que la propofition que nous auons rapportée touchant l'Euchariftie, eft heretique au fens de Caluin, bien qu'il ne foit pas de Foy precifement que cét Herefiarque l'ait enfeignée, & qu'elle fe trouue dans fes liures.

Par cette refponfe fi courte on détruit tout ce que les Ianfeniftes oppofent de plus fort contre le Formulaire, & je n'en dirois pas dauantage fi je n'écriuois que pour

PREFACE.

des perſonnes occupées, ou pour
ceux qui par humeur ne ſçauroient
ſe donner la patience de lire vn
Liure entier pour petit qu'il ſoit.
Neantmoins pour ſatisfaire la
loüable curioſité des jeunes Theo-
logiens, & de pluſieurs autres Catholiques qui veulent eſtre plaine-
ment inſtruits touchant la queſtion de faict dont on parle tant,
nous ferons dans la Defenſe ſui-
uante vn examen plus long & plus
exact de tout ce qui a eſté eſcrit
par les Ianſeniſtes, ou par leurs Protecteurs, contre le Formulaire des
Eueſques. Eſtant neceſſaire pour
l'honneur de l'Egliſe, que l'on de-
fende tant de venerables & de ſça-
uans Prelats qui l'ont dreſſé, le Pape qui l'a approuué, & le Roy meſme, dont la pieté eſt attaquée aſſez temerairement, & d'vne ma-

PREFACE.

niere injurieuſe ; parce qu'il a appuyé de ſon authorité les juſtes &
pieux deſſeins du Clergé de France , & du Vicaire de IESVS-CHRIST,
en ce qui regarde la condamnation des hereſies de Ianſenius , &
les moyens neceſſaires qu'il faut
employer pour les eſteindre , &
pour reünir les eſprits qui ſe ſont
diuiſez auec beaucoup d'aigreur
au ſujet de ces nouueautez.

Nous partagerons donc ce petit
Ouurage en quatre Sections, dont
la premiere fera voir la mauuaiſe
foy , ou l'ignorance des Ianſeniſtes
touchant la maniere dont ils propoſent l'eſtat de la queſtion , &
la foibleſſe de l'argument par lequel ils attaquent le Formulaire,
qui n'eſt fondé que ſur cette ſu-
percherie , & ſur des maximes ou
fauſſes , ou inutiles. On montrera

auſſi par vn raiſonnement que ces Meſſieurs ne peuuent combattre ſans ruïner leur propre doctrine, qu'il eſt de foy que les Cinq Propoſitions ſont heretiques dans le ſens de Ianſenius. D'où il s'enſuiura éuidemment que tous ceux qui ne veulent point les reconnoître pour telles ſont heretiques : & à plus forte raiſon ceux qui oſent ſoûtenir qu'elles ſont Catholiques dans le ſens de cét Autheur.

Dans la ſeconde Section, nous prouuerons que la doctrine des Ianſeniſtes, par laquelle ils pretendent combattre le Formulaire, tombe directement dans l'impieté, ruïnant tous les Sacremens, la Hierarchie, les Peres, les Conciles, & meſme la Sainte Eſcriture ; & condamnant d'hereſie toute l'Egliſe, dans la maniere dont elle a traitté les anciens heretiques. Et bien que les Ianfeniftes s'eftu-dient à trouuer des differences entre le faict de Ianfenius, & celuy de ces heretiques, pour fe mettre à couuert de ce reproche; l'on fera voir clairement par les exemples d'Arrius, de Neftorius, de Pelage, & de Caluin, que ces differences font forgées à plaifir; & que quand elles feroient veritables, ils n'en pourroient tirer aucun auantage pour la juftification de Ianfenius, ny aucun fujet raifonnable de blâmer le Formulaire en ce qu'il oblige de croire, & de confeffer que les Cinq Propofitions font heretiques au fens de cét Autheur.

La troifiéme Section fera employée à montrer par beaucoup de raifons recüeillies des difcours precedens, & par les propres paro-

les

PREFACE.

les des Ianseniftes, qu'il eft tres-
certain qu'ils font heretiques. Ce
qui fera encore confirmé par le
témoignage d'vn fçauant Iacobin
du Païs-bas, nommé le Pere Leonardi ; en ce qu'il montre dans vn
Ouurage imprimé depuis peu de
temps à Bruxelles, que les Cinq
Propofitions condamnées par le
Pape font heretiques au fens de
Ianfenius. Ce qui pourra feruir à
defabufer quelques Protecteurs
charitables de la nouueauté, qui
tafchent de perfuader au Roy que
le Ianfenifme n'eft qu'vne chimere : n'eftant pas poffible que des
perfonnes bien fenfées & équita-
bles prennent pour vn fonge, vne
verité qui eft fi bien eftablie. Ny
que des Prelats tres-zelez pour la
foy Catholique, n'ayent du fcru-
pule d'en auoir voulu donner à fa

PREFACE.

Majesté par des comparaisons
odieuses, pour le bon office qu'elle rend à l'Eglise, & au S. Siege
Apostolique, en appuyant de son
authorité Royale le Formulaire
qui a esté fait contre la nouuelle
heresie. Nous montrerons neantmoins en suitte que ceux qui traittent le Iansenisme de chimere disent mieux qu'ils ne pensent:
estant certain qu'on peut fort pro-
prement luy attribuer ce que les
Poëtes disent de la Chimere, lors
qu'ils la representent sous la figure
d'vne horrible beste qui a la teste
de Lion, le corps de Cheuure, & la
queuë de Dragon. Nous montrerons encore qu'il n'est nullement
vray que les Iansenistes soient dans
la Communion de l'Eglise, puis
qu'ils sont heretiques, & que par
leur obstination visible ils se sepa-

rent eux-mesmes du Chef, & du Corps de l'Eglise.

La quatriéme & derniere Section découurira le danger qu'il y a d'écouter ceux qui veulent persuader, qu'il faudroit changer les termes du Formulaire, ou se tenir dans le silence touchant le faict de Iansenius, sous pretexte de condescendre à l'infirmité des Ianseniftes, ou d'auoir la paix auec eux. Outre qu'on traitte ridiculement d'infirmité vne obstination tresmalicieuse, on fera voir que l'accommodement qu'on propose n'apporteroit qu'vne fausse paix, & qu'il causeroit vn tres-grand dommage à l'Eglise, par l'auantage que ses ennemis tireroient de cette condescendance. On montrera encore que l'exemple dont on abuse si souuent, de ce qui arri-

ua apres la condamnation des
trois Chapitres, eſt rapporté mal
à propos en faueur des Ianſeniſtes:
& que le meilleur conſeil qu'on
puiſſe donner à ces Rebelles, eſt
de prendre la voye vnique & neceſſaire qui leur eſt preſentée pour
r'entrer dans la Communion de
l'Egliſe ; laquelle n'eſt autre que
la parfaite ſoûmiſſion qu'ils ſont
obligez de rendre au Souuerain
Pontife, & aux Eueſques de France en ce qui regarde la condamnation de la doctrine de Ianſenius, &
la ſignature du Formulaire, qu'ils
n'ont attaqué que par des diſcours
artificieux, & autant remplis d'i-
gnorance que de malice.

*EXTRAICT D'VNE
Lettre du tres R. P. General
des Fueillans, écrite à l'Autheur de cét Ouurage.*

VOus pouuez faire impri-
mer l'ouurage dont vous
me parlez, & le dédier à qui il
vous plaira.   À Tholose le 21.
Mars 1662.

F. ARNAVD DE S. BERNARD.

PRIVILEGE DV ROY.

LOVIS PAR LA GRACE DE DIEV Roy de France et de Navarre: A nos amez & feaux Conseillers les Gens tenans nos Cours de Parlemens, Maistre des Requestes de nostre Hostel, Baillifs, Seneschaux, Preuosts, leurs Lieutenans, & tous autres nos Iusticiers & Officiers qu'il appartiendra, Salut. Nostre amé & feal DOM PIERRE DE S. IOSEPH, Religieux, Prouincial des RR. PP. Fueillans, nous a fait representer qu'il a composé vn Liure intitulé *La defense du Formulaire dreßé par l'Assemblée du Clergé, contre les derniers Libelles des Iansenistes*, lequel il desireroit faire imprimer; ce qui l'oblige à nous supplier tres-humblement de luy accorder nos Lettres sur ce necessaires. A CES CAVSES, & voulant en toutes occasions gratifier ledit DOM PIERRE DE S. IOSEPH, Nous luy auons permis & permettons par ces presentes, de faire imprimer, vendre & debiter en tous lieux de nostre obeïssance, par tels Imprimeurs ou Libraires qu'il voudra choisir, ledit Liure, intitulé *La defense du Formulaire dreßé par l'Assemblée du Clergé, contre les derniers Libelles des Iansenistes*, & ce en telle Marge ou Caractere, & autant de fois que bon luy semblera

pendant l'espace de neuf ans, à compter du jour
que ledit Liure sera acheué d'imprimer : Et faisons tres-expresses deffences à toutes Personnes
de quelque qualité qu'elles soient, d'en rien
imprimer, vendre, ny distribuer en aucun lieu
de nostre obeïssance, sous pretexte d'augmen-
tation, correction, changement de tiltre, faus-
ses marques, ou autrement, en quelque sorte
& maniere que ce soit, sans le consentement
dudit Dom Pierre de S. Ioseph, ou de ceux qui
auront son droit, à peine de confiscation des
Exemplaires contre-faits, des Caracteres, Presses & Instrumens qui auront seruy ausdites impressions contre-faites, de tous dépens, dom-
mages & interests, & de trois mil liures d'amen-
de, applicable vn tiers à Nous, vn tiers à l'Hostel Dieu de Paris, & l'autre tiers au Libraire
ou Imprimeur que ledit Dom Pierre de Saint
Ioseph aura choisy pour faire ladite impression,
à condition qu'il sera mis deux exemplaires dudit Liure en nostre Bibliotheque publique, &
vn en celle de nostre tres-cher & feal le Sieur
Seguier, Chancelier de France, auant que de
l'exposer en vente, à peine de nullité des presentes. Du contenu desquelles Nous voulons &
vous mandons que vous fassiez joüir pleine-
ment & paisiblement ledit Dom Pierre de Saint
Ioseph, & ceux qui auront droit de luy, sans
souffrir qu'il leur soit donné aucun empesche-
ment. Voulons aussi qu'en mettant au commencement ou à la fin dudit Liure vn Extraict

des prefentes , elles foient tenuës pour deuë-
ment fignifiées , & que foy y foit adjouftée , &
aux copies d'icelles collationnées par vn de nos
amez & feaux Confeillers & Secretaires , comme à l'Original. Mandons au premier noftre
Huiffier ou Sergent fur ce requis , faire pour
l'execution defdites prefentes tous Exploits neceffaires , fans demander autre permiffion. CAR
tel eft noftre plaifir , nonobftant oppofitions ou
appellations quelconques , & fans prejudice
d'icelles , clameur de Haro, Chartre Norman-
de & autres Lettres à ce contraires. DONNE'
à Paris , le dixiefme jour d'Auril , l'an de grace
mil fix cens foixante deux , Et de noftre regne
le dix-neufuiefme. Signé par le Roy en fon
Confeil PINSON. Scellé du fceau de cire
jaune.

Et ledit R. P. Dom Pierre de Saint Iofeph
Prouincial des Fueillans , a cedé fon droit de
Priuilege à F. Muguet Imprimeur ordinaire du
Roy , fuiuant l'accord fait entr'eux.

*Acheué d'imprimer pour la premiere fois , le 13. May
1662.*

Les Exemplaires ont efté fournis.

LA DEFENSE
DV FORMVLAIRE
dressé par l'Assemblée du Clergé.

Contre les derniers Libelles des Iansenistes.

SECTION PREMIERE.

Où l'on montre efficacement qu'on doit croire, que les Cinq Propositions sont heretiques dans le sens de Iansenius; & que l'argument par lequel les Iansenistes pretendent combatre le Formulaire en ce poinct, est entierement friuole, & de nul effect.

LE S Iansenistes apres auoir trauaillé long-temps à monstrer que les Cinq Propositions ne sont

point dans Ianſenius, ny quant
aux termes, ny quant au ſens,
voyant que ce deſſein ne leur a
pas reuſſi, emploient maintenant vne autre ſoupleſſe, pour
auoir vn pretexte de ne pas receuoir le Formulaire de l'Aſ-
ſemblée du Clergé, par lequel
on oblige de croire que les
Cinq Propoſitions ſont heretiques dans le ſens de Ianſenius.
Surquoy ils diſent beaucoup
de choſes fort inutiles & em-
baraſſées ſelon leur methode,
qu'il faut rapporter ici en abregé, & en faire voir la foibleſſe.

Dans la de-
fenſe de l'Or-
donnance.

Ils diſent en propoſant l'eſtat
de la queſtion, que le Formulaire contient vn droict, & vn
faict, & qu'il n'eſt proposé à
ſigner que comme vne Profeſſion de foy, qui ſert à diſtin-

guer les Orthodoxes d'auec
ceux qui font fufpects d'opinions heretiques. Qu'il s'agit
de faire rendre par la fignature
de ce Formulaire, vn témoignage de fa foy , de faire embraſſer les decifions de foy
contenuës dans les Conftitutions, & de faire rejetter toutes
les herefies condamnées ; En
forte que celuy qui aura figné
ne puiſſe eftre tenu pour heretique, ny traité comme tel ; &
qu'on demande, fi pour cela il
faut obliger à confeſſer le
droict, & le faict contenus dans
le Formulaire ; ou s'il ne faut
obliger à confeſſer que le
droict, ce qu'on appelle diftinguer le droict du faict.

Ayant ainfi propofé l'eftat
de la queftion, ils fouftiennent

que pour rendre témoignage
de sa foy, & n'estre point tenu
pour heretique, il suffit de confesser le droict sans parler du
faict; En sorte qu'on confesse
que les Propositions sont heretiques en elles mesmes, sans
qu'il soit besoin de dire qu'elles le sont dans le sens de Iansenius. Mais auant que de prouuer leur opinion par vn argument qu'ils croient inuincible,
ils supposent six maximes qu'ils
donnent pour constantes & in-
dubitables.

La premiere, Qu'il est impossible de dire que les Cinq
Propositions sont Heretiques
dans le sens de Iansenius, qu'on
ne conçoiue deux choses toutes differentes & separées l'vne
de l'autre; dont l'vne est de

droict, l'autre n'est que de faict.
Celle de droict, est que ces Propositions sont Heretiques, & celle de faict, est que ces Propositions sont dans Iansenius.

La seconde, Que les Papes Innocent X. & Alexandre VII. n'ayant jamais expliqué ny marqué le sens de Iansenius separément des Cinq Propositions; toute l'attribution qu'ils ont faite de ces Propositions à Iansenius & à son Liure, ne peut marquer qu'vn faict; sçauoir, qu'elles sont contenuës dans le Liure de Iansenius.

La troisiesme, Que la signature du Formulaire n'a esté proposée par le Clergé, que pour distinguer les Catholiques, de ceux qui sont suspects d'opinions Heretiques; & que pour cét effect, il n'a point voulu propofer le faict de Ian-fenius, comme vne chofe qui ne feroit que de foy humaine; mais qu'il a affecté de le confondre auec le droict, pour en exiger la creance, comme d'vne chofe qui appartient à la foy diuine.

La quatriefme, Que d'obliger à croire & reconnoiftre quelque poinct pour rendre témoignage de fa foy, pour embraffer ce qui eft decidé comme de foy, & pour éuiter la note d'Herefie; c'eft toute la mefme chofe que de dire que ce poinct appartient à la Foy Catholique, & en fait partie, ou qu'il en eft infeparable.

La cinquiefme, Qu'il eft de foy, qu'il n'y a rien de foy diuine , qui n'ait esté reuelé de Dieu par l'Escriture Sainte, ou par la tradition : Et qu'ainsi, c'est vne erreur en la foy de croire & de dire, que le faict de Iansenius qui n'est point reuelé, appartienne à la foy, & qu'il puisse estre decidé & proposé à croire comme de foy.

La sixiesme, Que c'est vne folie & vne extrauagance de croire & de dire que le faict de Iansenius soit inseparable du droict, & que les Erreurs condamnées dans les Cinq Propositions ne puissent estre conceuës, exprimées , & rejetées qu'en les attribuant à Iansenius.

En suite de ces grandes maximes , ils raisonnent ainsi: Lors qu'vn faict, & vn droict

non reuelé, (ils veulent dire
vn droict &vn faict non reuelé)
font joints enfemble, & qu'il
ne s'agift que de faire croire &
reconnoiftre ce qui eft decidé
comme de foy, & ce qui fert à
diftinguer les Catholiques des
Heretiques, l'on ne peut, &
l'on ne doit obliger à croire &
reconnoiftre que le droict, &
non pas le faict non reuelé; puis
qu'il n'y a que le droict qui appartienne à la foy, & dont le
defaut puiffe faire des Heretiques. Or il y a dans le Formulaire vn droict & vn faict non
reuelé joints enféble. Le droict
confifte dans les Cinq Propofitions, & le faict dans l'attribution de ces Propofitions,
à Ianfenius & à fon Liure; & il
ne s'agift que de faire croire &

reconnoiſtre ce qui a eſté decidé comme de foy, & ce qui
ſert à diſtinguer les Catholiques des Heretiques. Donc
l'on ne peut, & on ne doit
obliger à croire & confeſſer
que le droict contenu dans le
Formulaire, & non le faict non
reuelé de Ianſenius qui y eſt
joint.

Ie ne m'eſtonne pas que des
Ignorants ſe laiſſent ébloüir à
ces ſortes de diſcours, qui d'a-
bord ſemblent fort ſolides &
conuainquants ; mais que les
Ianſeniſtes que j'ay toûjours
creu eſtre gens d'eſprit, & ha-
biles hommes, s'en laiſſent
ébloüir eux-meſmes, & qu'ils
ſe perſuadent d'en pouuoir
ruiner le Formulaire, c'eſt ce
qui me ſurprend beaucoup;

eſtant certain qu'il n'y a rien
de plus foible ny de moins
conuainquant. Toute leur ſub-
tilité ne conſiſte qu'à parta-
ger vne Propoſition en deux,
& d'vne compoſée, en faire
deux ſimples, ce qui eſt vne
pure chicannerie, & qui chan-
ge le veritable eſtat de la queſtion. Car il ne s'agiſt point de
faire confeſſer deux choſes, l'v-
ne que les Cinq Propoſitions
ſont dans Ianſenius, l'autre
qu'elles ſont Heretiques en
elles-meſmes ; mais de faire
confeſſer qu'elles ſont Heretiques au ſens de Ianſenius.
Et de ce qu'on n'eſt pas obligé de croire de foy diuine
qu'elles ſont dans Ianſenius,
ils inferent qu'on n'eſt pas auſſi obligé de croire qu'elles ſont

Heretiques au sens de Iansenius ; ce qui est vne fort mau-
uaise consequence, l'vne pouuant estre de foy , & l'estant
effectiuement, quoy que l'autre ne le soit pas, comme nous
le monstrerons par plusieurs
exemples, & par vn argument
qui est d'autant plus fort contre les Iansenistes , qu'ils ne le
peuuent nier sans ruiner leur
propre doctrine ; & qu'il prouue euidemment qu'en com-
battant le Formulaire , en ce
qu'il oblige de croire que les
Propositions sont Heretiques
au sens de Iansenius , ils se con-
stituent au dessus des Euesques
& du Pape mesme , les Iuges
souuerains & infaillibles aux
choses qui regardent la foy , &
qui sont meslées de faicts non

reuelez, particulierement de celuy de Iansenius.

Voicy donc ma pensée : Il est vray que quand je dis que les Cinq Propositions sont dans Iansenius, je ne parle que d'vn pur faict, qui n'est point reuelé : Mais quand je dis que ces Propositions sont Heretiques au sens de Iansenius, je parle d'vn droict reuelé, & qui fait vn poinct de foy. Comme quand je dis qu'vn enfant est legitimement baptisé, je ne parle que d'vn faict non reuelé : Mais quand je dis qu'vn enfant legitimement baptisé est en grace, je dis vne chose qui fait vn droict reuelé, & vn poinct de foy. Et quand je dis qu'vne Hostie est legitimement consacrée par vn Prestre,

je propose vn faict non reuelé;
Mais quand je dis qu'vne Ho-
ftie legitimement confacrée
par vn Preftre, contient réelement & fubftantielement le
Corps de IESVS-CHRIST, je pro-
pofe vn droict reuelé, qui doit
eftre creu de foy diuine. De
mefme, quand je dis qu'Alexandre VII. a efté éleu canoniquement à la Papauté, par
le College des Cardinaux, je
ne parle que d'vn faict non reuelé; Mais quand je dis qu'Alexandre VII. éleu canoniquement par le College des Cardinaux, eft le vray Succeffeur de
Saint Pierre, & le Vicaire de
IESVS-CHRIST en terre, je fais
vne propofition qui conftituë
vn droict reuelé, & qui doit
eftre cruë de foy diuine. Et

quand je dis que le Concile de
Nicée a esté approuué du Saint
Siege , je n'aduance qu'vne
chose de faict , qui n'est point
reuelée ; Mais quand je dis que
le Concile de Nicée approuué
du S. Siege , est vn Concile legitime , & d'vne authorité infaillible , je propose vne chose
qui est de droict reuelé , & qui
est l'objet d'vne foy diuine.
Comme donc en ces exemples
& en beaucoup d'autres nous
voyons des verités reuelées,
qu'on ne peut nier sans heresie , quoy qu'elles renferment
des faicts qui ne sont point reuelez en eux-mesmes ; ainsi la
proposition qui porte que les
Cinq Propositions sont heretiques au sens de Iansenius , ne
laisse pas d'estre de foy , quoy

qu'elle renferme ou suppose vn faict non reuelé ; sçauoir, que ces Propositions sont dans Iansenius.

Et si vous me demandez, comment il se peut faire qu'il soit de foy, que les Cinq Propositions sont heretiques au sens de Iansenius, s'il n'est pas de foy qu'elles sont dans Iansenius. Ie vous demande aussi comment il se peut faire qu'il soit de foy, que le Corps de IESVS-CHRIST est contenu réelement & substantielement dans vne Hostie consacrée, n'estant pas de foy que cette Hostie soit consacrée. Et qu'il soit de foy qu'vn Concile approuué du Pape est legitime & infaillible ; s'il n'est pas de foy que le Pape l'ait approuué.

Comme donc en ces exemples il suffit qu'vne Hostie soit effectiuement consacrée par vn Prestre, pour dire qu'il est de foy que le Corps de IESVS-CHRIST est contenu dans cette Hostie. Et qu'vn Concile ait esté en effet approuué par le Pape, pour dire que la foy nous oblige de le tenir pour legitime & infaillible. De mesme, il suffit que les Cinq Propositions soient veritablemét dans Iansenius, selon le sens condamné, pour dire qu'il est de foy qu'elles sont heretiques dans le sens de cét Auteur. Et certes comme il est de foy que tous ceux qui enseignent que le Fils de Dieu n'est pas égal & cósubstantiel à son Pere, qu'en IESVS-CHRIST il y a deux Personnes

ſonnes diſtinctes, que la Vierge n'eſt point Mere de Dieu,
& qu'apres l'Incarnation, il n'y
a en IESVS-CHRIST qu'vne ſeu-
le nature, ſont heretiques : &
qu'il ſuffit par conſequent de
ſçauoir, par le rapport des Conciles, qu'Arius a tenu la premiere de ces Propoſitions, Neſtorius la ſeconde & la troiſieſ-
me, & Eutychez la quatrieſme,
pour dire qu'il eſt de foy que
ces trois Auteurs ſont Heretiques ; & que ce ſeroit vne grande réuerie de ſouſtenir qu'il
faudroit ſçauoir par reuelation
qu'ils ont enſeigné effectiuement ces Hereſies, pour eſtre
obligé de croire qu'ils ſont du
nombre des Heretiques. De
meſme, il ſuffit de ſçauoir par
la lecture du Liure de Ianſe-

nius, qu'il enseigne veritable-
ment les Cinq Propositions
condamnées, pour estre obligé de croire qu'elles sont Heretiques dans le sens de cét Auteur, & il n'est nullement necessaire pour cela de sçauoir
par la sainte Escriture, ou par
la tradition Apostolique qu'elles sont contenuës dans son
Liure.

Et la raison de cecy me semble bien éuidente. Car il est de
foy que toutes les Propositions que le Pape condamne
d'Heresie, sont Heretiques au
sens dans lequel il les condamne. Or il est constant que le
Pape condamne d'Heresie les
Cinq Propositions au sens de
Iansenius ; donc il est de foy
qu'elles sont Heretiques au

sens de Iansenius. La majeure
ne peut estre niée par aucun
Catholique, ny mesme par les
Iansenistes. Car puis qu'ils aduoüent depuis que le Pape a
condamné ces Propositions,
qu'elles sont Heretiques; pourquoy n'aduoüeront-ils pas
s'ils sont raisonnables, qu'elles
le sont au sens de Iansenius;
étant visible que le Pape definit positiuement & expressement qu'elles sont Heretiques
au sens de cét Auteur? Le Pape
a-t'il moins de lumiere & d'authorité pour declarer en quel
sens les Propositions sont Heretiques, que pour declarer
simplement qu'elles sont Heretiques? Puis que même elles
ne peuuent estre Heretiques,
qu'au sens qu'il juge & qu'il

declare qu'elles font Heretiques; eſtant permis de les ſoûtenir en tout autre ſens. Et partant la meſme foy qui nous
oblige à tenir ces Propoſitions
pour Heretiques, nous oblige
auſſi à les tenir pour Heretiques au ſens de Ianſenius; d'où
il s'enſuit éuidemment que
tous ceux qui refuſent de les
condamner dans le ſens de cét
Auteur, ſont Heretiques.

Et cét argument eſt d'autant
plus fort contre les Ianſeniſtes,
qu'ils ne peuuent l'attaquer
ſans combatre leur propre doctrine. Car on voit par tous
leurs libelles, qu'ils buttent
principalement à décrier la doctrine de Molina, s'imaginant
que la condamnation de cét
Autheur eſt la juſtification de

Ianfenius, & qu'au contraire le
falut de Molina eft la perte infaillible de Ianfenius. Comme
on difoit autrefois en Italie,
que la mort de Conradin eftoit
la vie de Charles, & que la mort
de Charles eftoit la vie de Conradin. Pour juftifier donc les
Cinq Propofitions dans le fens
de Ianfenius, ils les condamnent d'Herefie au fens de Molina. Ce qu'ils ne peuuent faire
que par cét argument tout
femblable au noftre.

Il eft de foy que toutes les Pro-
pofitions que le Pape condamne
d'Herefie, font Heretiques au
fens qu'il les condamne.

Or eft-il que le Pape condam-
ne d'Herefie les Cinq Propofi-
tions au fens de Molina.

Donc il eft de foy que les Cinq

*Propositions sont Heretiques au
sens de Molina.*

Voila toute la force de leur
raisonnement qui est prise de
la majeure de nôtre argument,
laquelle par consequent est indubitable dans leurs principes.
Mais parce que la mineure est
fausse & forgée à plaisir, jamais
aucun Pape n'ayant condamné
les Cinq Propositions dont il
s'agist, dans le sens de Molina,
de là vient que la conclusion
est fausse & de nul effet. Au
lieu que dans nostre argument
la majeure ne pouuant estre
niée ny distinguée par les Iansenistes, puis qu'ils l'admettent au mesme sens que nous,
l'appliquant à Molina, ainsi
que nous l'appliquons à Iansenius. Estant visible encore

qu'ils ne peuuent pas nier la mineure, à moins que de vouloir paſſer pour des infenſez. Il faut de neceſſité qu'ils admettent la concluſion, & qu'ils aduoüent, qu'il eſt de foy que les Cinq Propoſitions ſont Heretiques dans le ſens de Ianſenius. D'où il s'enſuit qu'on ne ſe doit nullement mettre en peine de tout ce qu'ils peuuent nous oppoſer des exemples du Pape Honoré, de Theodoret, & autres ſemblables pour affoiblir noſtre argument. Parce que ces exemples eſtant auſſi bien contre eux, que contre nous, la meſme reſponſe qu'ils employeront pour monſtrer qu'ils ne ſont pas contraires à leur doctrine, fera voir auſſi qu'ils s'accordent fort bien

B iiij

auec la noſtre. De ſorte que
nous pouuons dire que par cét
vnique argument que nous venons de propoſer, les Ianſeniſtes ſont deſarmez & mis hors
de combat.

De plus, conſiderez ſi ces
Meſſieurs n'ont pas bonne grace de refuſer au Pape vn pouuoir qu'ils s'attribuent eux-
meſmes, tant pour la condamnation des hereſies, que pour
l'approbation de la doctrine
Catholique? Cela ſe voit ma-
nifeſtement dans le jugement
qu'ils portent des Cinq Propoſitions, dont nous traittons.
Liſez leur écrit à trois colomnes, & vous verrez qu'ils ſoûtiennent que ces Propoſitions
ſont heretiques au ſens de Luther & de Caluin, & meſme au

sens de Molina, & qu'elles sont
Catholiques au sens qu'eux les
defendent. Il faut donc leur
demander s'il y a quelque reuelation dans la sainte Escriture, ou dans la tradition Apostolique, qui porte que ces
Propositions sont enseignées
en tel sens par Luther & Caluin, en tel par Molina, & en
tel par Denys Raymond & ses
Associez. Et quand ils disent
que ces Propositions sont Catholiques au sens de Iansenius,
ou au sens de la grace efficace
par elle-mesme, ou au sens de
S. Augustin; ont-ils des reue-
lations de tout cela? Il est visible qu'ils n'en sçauroient produire aucune, & neantmoins
ils prononcent hardiment sur
des faicts non reuelez, que les

Propofitions font Catholiques
ou heretiques, & condamnent
auec la mefme hardieffe ceux
qui font affez temeraires pour
ne pas adherer à leurs fentimens; & fe moquent du Pape,
lors qu'il entreprend de declarer que les Cinq Propofitions
font heretiques dans le fens de
Ianfenius.

I'adjoufte à ces raifons, que
fi le Pape n'a pas peu condamner les Cinq Propofitions d'herefie dans le fens de Ianfenius,
il n'a pas peu auffi les condamner en elles - mefmes. Parce
que comme c'eft vn faict non
reuelé, que ces Propofitions
foient de Ianfenius, & qu'elles
s'expliquent en fon fens; c'eft
auffi vn faict non reuelé, qu'elles ayent tel, ou tel fens en el-

les-mesmes ; & ainsi elles ne peuuent point estre condamnées ny d'vne façon ny d'autre. Encore moins le peuuent-elles estre en cette seconde maniere, puis que ces Messieurs les posent au haut des trois colomnes, comme détachées des diuers sens qu'ils leur appliquent, & indifferentes à receuoir ou le sens de Luther & de Caluin, ou le sens de Molina, ou celuy de Iansenius selon la glose qu'ils y adjoustent. Car on voit par là que ces Propositions considerées de la sorte ne sont ny Catholiques, ny heretiques ; mais qu'elles peuuent estre l'vn ou l'autre, en les attribuant à quelque Autheur. Ainsi voila le Pape degradé de toute son authorité, en ce qui regarde la condamnation des Cinq Propofitions, ne pouuant les condamner ny en elles-mefmes, ny dans le fens de Ianfenius. Que fi ces confequences ne peuuent eftre admifes que par des perfonnes extrauagantes, & entierement ennemies du Saint Siege; il faut dire que puis que tout le monde aduouë que le Pape a peu condamner les Cinq Propofitions en elles-mefmes, il a peu auffi les condamner dans le fens de Ianfenius. Sur tout eftant vifible que par l'examen qui a efté fait l'efpace de deux ou trois ans de ces Propofitions, & du rapport qu'elles auoient auec la doctrine de Ianfenius, il a efté fort aifé de connoiftre que Ianfenius les foûtient dans

leur sens propre & litteral ;
comme nous l'auons aussi demonstré dans la réponse à Denys Raimond.

On voit donc par toutes ces
raisons que le Pape a peu decider comme vne verité de foy,
que les Cinq Propositions sont
heretiques dans le sens de Iansenius , & qu'on a sujet de traiter d'heretiques ceux qui refusent de signer le Formulaire en
la maniere qu'il est conceu,
sous pretexte que le faict de
Iansenius y est meslé auec le
droict. Car estant de foy que
les Propositions sont heretiques dans le sens de Iansenius,
tant s'en faut qu'on doiue &
qu'on puisse separer icy le faict
du droict : que le sens estant
l'ame des paroles , le faict & le

sens de Ianfenius eft ce qui fait
la partie principale & plus im-
portante du droiĉt en ces Propofitions condamnées. Voyons
maintenant les maximes & les
raifonnemens qu'on oppofe
contre cette verité.

La premiere maxime eft
doublement impertinéte; premierement , parce que tant
s'en faut qu'il foit impoffible
de dire que les Cinq Propofitions font heretiques dans le
fens de Ianfenius , qu'on ne
conçoiue deux chofes differentes & feparées; L'vne, que
ces Propofitions font heretiques; & l'autre , que ces Propofitions font dans Ianfenius.
Qu'au contraire il eft impoffible de conceuoir ces deux chofes comme feparées : de mef-

me qu'il est impossible qu'en
conceuant vn homme, on conçoiue son corps & son ame separez l'vn de l'autre. Estant visible que comme en cette separation il n'y a plus d'homme, aussi les deux propositions
estans separées, la proposition
vnique que nous defendons
ne subsiste plus, & elle est entierement ruinée.

Secondement, cette separation mentale qu'on fait de deux
Propositions, ne sert de rien
pour affoiblir la verité que
nous defendons : puisque nous
parlons d'vne proposition seule qui comprend le faict & le
droict tout ensemble, & qu'il
est autant impertinent de dire
que le faict de Iansenius estant
joint au droict dans vne même

proposition, n'est pas plus pri-
uilegié qu'en estant separé par
deux propositions differentes:
que de dire que le corps de
l'homme estant joint auec l'a-
me raisonnable, n'est pas plus
capable de vie, de sentiment,
& de mouuement, que lors
qu'il en est separé.

On peut adjoûter vne troisiéme impertinence à ces deux;
sçauoir, que par cette maxime,
ces Messieurs destruisent tout
ce qu'ils disent, soit à l'aduantage de Saint Augustin, ou de
Iansenius, soit au desaduanta-
ge de Molina; parce qu'en separant le faict du droict, ils ne
pourront pas nous opposer que
les propositions sont Catholiques au sens de S. Augustin,
ou de Iansenius : ny qu'elles

font

font heretiques au fens de Molina. Et ainfi Saint Auguftin
fera dégradé de l'infaillibilité
qu'ils luy attribuent, & Molina
fera juftifié des herefies dont
ils le font autheur, quand mefme il en feroit conuaincu d'ailleurs, ce qui eft tres-faux.

La feconde maxime eft fi peu
judicieufe, qu'elle prouue tout
le contraire de ce qu'elle pretend; car de ce que les Papes
Innocent X. & Alexandre VII.
n'ont iamais expliqué ny marqué le fens de Ianfenius fepa-
rément des Cinq Propofitions,
il en faut conclure qu'ils ont
iugé que le vray fens de Ianfenius eftoit celuy des propofitions : & qu'ainfi en difant
qu'elles font heretiques au
fens de Ianfenius, ils n'ont pas

ſimplement voulu marquer vn
faict, mais auſſi decider, & eſtablir vn droict. Et certes c'eſt
n'auoir pas le ſens commun
que de ſoûtenir, que quand ces
Papes ont decidé que ces propoſitions ſont heretiques au
ſens de Ianſenius, ils ont eu ſeulement deſſein de dire que ces
propoſitions ſont dans Ianſenius. S'ils les auoient condamnées d'hereſie au ſens de Molina, auroient-ils eü ſeulement
intentió de marquer vn ſimple
faict, & de dire que Molina les
a enſeignées? Ces diſcoureurs
n'auroient garde de donner
vne interpretation ſi friuole
aux paroles des Papes; ils crie-
roient bien haut que la doctrine de Molina ſeroit condamnée d'hereſie, & que tous ceux

qui ne voudroient pas la condamner comme telle, seroient
tenus pour heretiques. Mais
parce qu'ils ont condamné le
sens de Iansenius, il faut elu-
der leurs paroles par vne glose
contraire au texte , & donner
vn soufflet à la grammaire,
aussi bien qu'à la foy , & au
bon sens , pour espargner la
doctrine de ce Prelat. Il est
certain que les Papes, & les
Conciles anciens ont estably
vn droict, & vn poinct de foy,
lors qu'ils ont condamné les
dogmes d'Arrius, & de Nestorius : puis qu'ils ont traitté
d'heretiques ceux qui les ont
soustenus , ou qui n'ont pas
voulu les condamner. Ainsi à
plus forte raison Innocent X.
& Alexandre VII. ont estably

vn droict & vn poinct de foy,
en definissant que les Cinq
Propositions sont heretiques
dans le sens de Iansenius ; ce
qui est quelque chose de plus
exprés, & de plus fort que s'ils
auoient dit simplement, que
les Cinq Propositions de Iansenius sont heretiques.

La troisiesme pretend blasmer le Clergé d'vne chose
dont il merite des loüanges.
Car s'il eust proposé separément le faict de Iansenius,
comme vne chose qui ne seroit que de foy humaine, il
auroit agy contre l'intention
du Pape, & son Formulaire auroit esté cassé ; comme il a fallu casser & retracter vn Mandement où le faict de Iansenius estoit distingué du droict.

Il a donc fait ſagement de conformer le Formulaire à la Conſtitution du Pape, & d'y meſler le faict auec le droict, en ſorte qu'on ſoit obligé de croire & de confeſſer, non pas preciſément que les Cinq Propoſitions ſont dans Ianſenius; mais qu'elles ſont heretiques au ſens de Ianſenius; ce qui eſt de foy, comme nous venons de le faire voir.

Et certes, puis que le Formulaire n'a eſté dreſſé que pour l'execution ſincere & vniforme de la Conſtitution d'Alexandre VII. & qu'il eſt viſible que par cette Conſtitution les Cinq Propoſitions ſont declarées heretiques dans le ſens de Ianſenius; il falloit neceſſairement que le Formulaire obli-

geast à croire & à confesser la
mesme chose : ce qu'il n'eust
pas fait s'il eust separé du
droict le faict de Iansenius,
en la maniere qu'on pretend.
C'est aussi se mocquer ouuertement de la Constitution du
Pape, que de blasmer en cela
le Formulaire, & ceux qui l'ont
dressé ; puis que c'est vouloir
qu'elle ne soit pas obseruée,
que de rejetter l'vnique moyen
par lequel elle peut estre fidel-
lement executée ; selon le jugement de grand nombre de
Prelats tres-habiles, & tres-
bien intentionnez, qui ont
composé les deux dernieres Af-
semblées du Clergé. C'est attaquer encore directement l'authorité du Saint Siege, que de
trouuer mauuais que les Eues-

ques ayent imposé des peines à
ceux qui refuseront de signer le
Formulaire : comme si en cela
ils auoient vsurpé l'authorité
d'vn Concile National sur leurs
Confreres presens & absens.
C'est à quoy ces Prelats n'ont
aucunement pensé ; mais comme ils ont trauaillé à trouuer vn
moyen propre & efficace pour
faire executer la Constitution
du Pape, ils n'ont pû faire de
moins que d'adjouster à leur
Formulaire les peines qui sont
portées tant par cette Constitution, que par les Saints Ca-
nons contre ceux qui refusent
de rejetter les heresies que l'E-
glise condamne : Particulierement contre les Euesques qui
conniuent aux heresies naif-
santes, & qui negligent de les

reprimer. D'ailleurs, puis qu'ils font la loy aussi bien pour eux que pour les autres , & qu'ils s'y soûmettent tres-volontiers; qu'elle raison y a-t'il de condamner vne conduite si juste & si desinteressée : sinon parce qu'on escoute cét esprit de diuision qui trauerse les choses les plus saintes & les plus vtiles au bien & à la paix de l'Eglise.

La quatriesme maxime ne fait rien contre nous , non plus que la cinquiesme : parce que nous ne disons pas qu'il soit de foy que les Cinq Propositions sont dans Iansenius ; mais qu'il est de foy qu'elles sont heretiques au sens de Iansenius. Et si l'on demande où cela a esté reuelé , nous respondons qu'il a esté reuelé dans les passages

de la Sainte Escriture, sur lesquels est fondée l'authorité du
Pape, & le pouuoir qu'il a de
gouuerner l'Eglise, de la confirmer dans la foy, & de l'e-
xempter d'heresie. Car comme il a receu par ces paroles
le pouuoir d'approuuer la doctrine de Saint Augustin, & de
la decider comme de foy aux
poincts de la Grace efficace
par elle-mesme, & de l'élection à la gloire, selon la pensée de ces Messieurs : & de
condamner au contraire les
heresies d'Arrius, de Pelage, de
Nestorius, & d'Eutichez,
comme tous les Catholiques
l'aduoüent : il a receu aussi par
elles l'authorité de condamner les heresies de Iansenius.
Ainsi c'est cómettre vne dou-

ble heresie, non seulement de
ne pas confesser qu'il est de foy
que les Cinq Propositions sont
heretiques au sens de Iansenius ; mais de soustenir au contraire comme font ces Escriuains, que c'est vne heresie de
croire que ce soit vne chose
de foy.

La sixiéme maxime, en ac-
cusant les Euesques de folie &
d'extrauagance, contient vne
censure fort indiscrete. Car
outre qu'elle se peut appliquer
égallement à S. Augustin, & à
Molina ; quoy qu'on puisse dire simplement que les Cinq
Propositions sont heretiques,
sans parler expressément de
Iansenius ; il n'est pas pourtant
possible de le dire sans noter
implicitement cét Autheur,

puis qu'il souftient ces Propofitions dans le fens heretique
qu'elles ont : & que mefme
dans la Conftitution du Pape,
leur fens heretique n'eft point
autrement defigné que par le
fens de Ianfenius. Et quoy que
ces Propofitions fuffent heretiques mille ans auant que
Ianfenius fut au monde, il
eftoit vray alors dans la pre-
fcience de Dieu, & mefme de
toute eternité, que Ianfenius
enfeigneroit vn iour ces mefmes Propofitions, & qu'elles
feroient heretiques en fon
fens, ou pour mieux dire, qu'elles l'eftoient déja au fens qu'il
les enfeigneroit. De forte que
fi Dieu mefme ne peut point
feparer par fon entendement
le fens des Cinq Propofitions

heretiques , du sens de Ianse_
nius ; parce que c'est le mesme
sens , & que c'est luy qui les a
forgées en ce sens : bien moins
pouuons-nous par nos abstrac-
tions chimeriques faire cette
separation , & fonder sur cela
vn refus de souscrire au Formulaire ; parce qu'il mesle le
faict de Ianfenius auec le
droict, & qu'il oblige à croire
que les Propositions sont heretiques dans le sens de Ian_
senius.

Ce qui est d'autant plus ve_
ritable, qu'on ne doute point
que quand l'Eglise condamne
quelques Propositions , elle ne
condamne tous ceux qui les
souftiennent, quoy qu'elle ne
les nomme point ; & mesmes
tous ceux qui les souftiendront

iusqu'au iour du Iugement:
comme tous les Arriens, Ne-
ftoriens, & Eutichiens qui font
à prefent au monde, ont efté
condamnez il y a onze ou
douze cens ans par les premiers Conciles. Comment
donc Ianfenius n'auroit-il pas
efté condamné par la Conftitution du Pape, qui condamne
expreffément les CinqPropofi-
tions au fens de cét Autheur:
puis qu'il auroit efté condamné, quand mefme on n'auroit
pas parlé de luy, en condamnant la doctrine qui eft de luy
effectiuement? Qu'on conçoiue donc les Cinq Propofitions
en telle maniere qu'on voudra;
c'eft vne extrauagance mani-
fefte de croire qu'on puiffe les
conceuoir comme heretiques,

qu'on ne les conçoiue dans le
sens qui est de Iansenius.

Toutes ces maximes estant
renuersées, l'argument qui y
est appuye tombe de luy-mesme. Il faut donc distinguer la
majeure : car si le faict n'entre
point dans le droict, il ne faut
point obliger à croire de foy
diuine le faict, mais seulement
le droict. Que si au contraire
le faict est tellement meslé
auec le droict, qu'il en fasse
vne partie ; on doit obliger à
croire l'vn & l'autre. Ainsi la
mineure doit estre niée, parce
que le faict de Iansenius dont
parle le Formulaire, est tellement joint auec le droict qu'il
en fait vne partie, comme nous
l'auons monstré. Or ce faict ne
consiste pas à dire que les Pro-

positions sont de Iansenius, ou
dans son Liure, comme l'on
suppose tousiours artificieuse-
ment pour tromper les personnes peu instruites de ces matieres, mais à dire que ces Propositions sont heretiques au
sens de Iansenius; ce qui est vn
droict, & vn poinct de foy.
C'est pourquoy la consequence est nulle, puis qu'elle ne
conclud sinon, qu'on ne doit
pas obliger à croire le faict de
Iansenius ; supposant fausse-
ment qu'il n'est pas reuelé, &
qu'il est entierement separé du
droict : ce qui est seulement
vray du faict qui porte, que les
Propositions sont dans Iansenius ; mais non pas de celuy
qui consiste à dire, qu'elles
sont heretiques au sens de Ian-

fenius : comme il eſt énoncé dans le Formulaire, & dans la declaration qui en a eſté faite.

Et cecy, ſe peut confirmer puiſſáment contre nos Aduerſaires par l'argument qu'on appelle, *Ad hominem*, cóme on le peut aſſez juger de tout ce que nous venons de dire. Car lors qu'ils nous voudront obliger à croire que la Grace efficace, & l'Election à la gloire ſont des veritez de foy, dans le ſens de S. Auguſtin ; nous ſeparerons le droiɛt de cette Propoſition d'auec le faiɛt : & ainſi en retranchant ce qui eſt du faiɛt & du ſens de Saint Auguſtin, & aduoüant ſimplement le droiɛt ; ſçauoir, que la grace efficace, & l'eſlection à la gloire ſont des veritez de foy, de quoy

quoy personne ne doute, nous rendrons leur Proposition inutile, & ils n'auront plus de sujet de parler de S. Augustin, ny d'authoriser ce qu'ils luy attribuent par tant d'éloges extraordinaires qu'ils luy donnent. En quoy l'on doit admirer les jugemens de Dieu, qui permet que ces Escriuains s'aueuglent si fort dans leur obstination, que tout ce qu'ils opposent contre le Formulaire authorisé de tant d'Illustres Prelats, & du Pape mesme, sert à leur propre ruine : & qu'ils n'ayent pas l'esprit de voir qu'en pensant defendre contre l'Eglise la doctrine d'vn Augustin fardé & contrefait, ils destruisent toute l'authorité du veritable S. Augustin.

D

Et par toutes ces raiso n
l'on voit le peu d'eſtat qu'on
doit faire d'vn autre argument
que les Ianſeniſtes propoſent
contre quelques Eueſques aſ-
ſemblez à Fontainebleau, qui
n'approuuoient pas l'Ordonnance de Meſſieurs les Grands
Vicaires. Voicy en abregé comme ils raiſonnent dans vn diſcours fort long & embaraſſé,
dont les deux tiers ne contiennent que des phraſes entierement ſynonimes, & par conſequent ſuperfluës. Quiconque
condamne d'hereſie les Cinq
Propoſitions au ſens de Ianſenius, reconnoit neceſſairement
ce poinct de faict que le ſens
heretique des Propoſitions a
eſté enſeigné par Ianſenius.
Donc celuy qui oblige quel-

qu'vn à dire & signer pour estre Catholique, *Ie condamne d'heresie les Cinq Propositions au sens de Iansenius*, oblige à croire & reconnoistre pour estre tenu Catholique, que le sens heretique des Cinq Propositions a esté enseigné par Iansenius. Or selon l'aduis des Euesques assemblez à Fontainebleau, pour estre tenu Catholique, il faut dire & signer, *Ie condamne d'heresie les Cinq Propositions au sens de Iansenius.* Donc selon leur aduis, pour estre tenu Catholique il faut croire & reconnoistre que le sens heretique des Cinq Propositions a esté enseigné par Iansenius. Or celuy qui declare, que pour estre tenu Catholique, il faut croire & reconnoistre que le

sens heretique des Cinq Propositions a esté enseigné par
Iansenius, establit par vne consequence necessaire qu'vn faict
non reuelé de Dieu appartient
à la foy Diuine, ce qui est vne
heresie; ou qu'il en est inseparable, ce qui est vne extrauagance. D'où ils concluënt que
les Euesques qui n'approuuent point l'Ordonnance des
Grands Vicaires, sont ou heretiques ou extrauagans.

Toute la force de cét Argument ne consiste qu'en vn mi-
serable & puerile équiuoque,
& par consequent pour le ren-
uerser, il ne faut qu'employer
vne petite distinction. Car
quand ils disent, Que quiconque condamne les Cinq Propositions au sens de Ianse-

nius , reconnoiſt neceſſairement qu'elles ſont dans Ianſenius, il faut reſpondre qu'il le
reconnoïſt à la verité , ſuppo-
ſant qu'en effet Ianſenius les a
enſeignées , ſoit qu'il en ſoit
bien informé luy-meſme par
la lecture du Liure de cét Autheur, ſoit qu'il le ſçache par
le rapport & le témoignage de
perſonnes dignes de foy ; comme ſont le Pape, & les Eueſques qui ont dreſſé le Formulaire. Mais il n'eſt nullement
neceſſaire qu'il ait acquis cette
connoiſſance par vne reuelation diuine fondée dans la
Sainte Eſcriture , ou dans la
Tradition des Apoſtres, comme ces Diſcoureurs le ſuppo-
ſent ridiculement : puis qu'il
ſuffit qu'on ſçache, en quelque

façon que ce soit, que Ianſenius enſeigne les Cinq Propoſitions dans le ſens condamné
par le Pape, pour eſtre obligé
de croire qu'elles ſont heretiques en ſon ſens. Comme il
ſuffit qu'on ſçache par l'Hiſtoi-
re Eccleſiaſtique qu'Arrius,
Neſtorius & Eutychez, ont enſeigné les Propoſitions dont
nous auons parlé cy-deſſus,
pour eſtre obligé de croire
qu'en cela ils eſtoient heretiques. Et comme il ſuffit, ſelon
la penſée de ces Meſſieurs,
qu'on ſçache par la relation
imaginaire de Penna, que la
doctrine de Molina a eſté condamnée par le S. Siege en pluſieurs poincts, pour eſtre obligé de croire qu'en cela elle eſt
heretique. Et comme il ſuffit

au contraire, selon leur imagination, que nous sçachions par
leur simple rapport destitué
de toute raison, & de toute authorité considerable, que la
doctrine de S. Augustin a esté
définie par quelques Papes
touchant la Grace efficace par
elle-mesme, & l'élection gra-
tuite à la gloire eternelle, pour
estre obligez de croire, que
pour estre Catholique il faut
embrasser la doctrine de ce
Pere en ces deux poincts. Si
donc & dans la verité, & dans
leur propre sentiment, nous
deuons croire de foy diuine
que la doctrine de quelque
Autheur est Catholique, ou
heretique; quoy que nous ne
sçachions que par vne connoissance morale & humaine

que cét Autheur l'a enseignée,
& que les Papes l'ont approuuée ou condamnée; d'où vient
qu'ils ne voyent pas combien
tout leur raisonnement est friuole & inutile ; puis qu'il pretend conclure qu'on ne peut
estre obligé de croire que les
Cinq Propositions sont heretiques au sens de Iansenius, sans
estre obligé de croire de la
mesme sorte qu'elles sont dans
Iansenius ; ce qui est contre le
sentiment commun de tout le
monde, & contre leur propre
pratique. C'est pourquoy encore que les Euesques assemblez à Fontainebleau ayent
improuué le Mandement , en
ce que dans la signature du
Formulaire, il separoit le droict
du faict de Iansenius , & que

pour eſtre tenu Catholique ils
eſtiment qu'il faut dire & ſigner , *Ie condamne les Cinq
Propoſitions au ſens de Ianſenius,*
il ne s'enſuit pas de là qu'ils
pretendent obliger à croire de
foy diuine que les Propoſitions condamnées ſont dans
Ianſenius. Et ceux qui ſous ce
pretexte ſe donnent la liberté
de les accuſer d'hereſie , ou
d'extrauagance, ſont eux-meſmes des Cenſeurs heretiques
& extrauagans , comme on le
peut juger ſuffiſamment de ce
que nous venons de dire ; &
comme on le verra plus clairement dans la ſuitte de cette
Defenſe.

SECTION II.

Où l'on fait voir que la doctrine qui combat le Formulaire tombe ouuertement dans l'impieté, & qu'elle accuse toute l'Eglise d'ignorance, de tyrannie & d'heresie. L'on montre aussi que les differences que les Iansenistes mettent entre le faict de Iansenius, & celuy des anciens Heretiques, sont forgées à plaisir & entierement friuoles.

POVR donner plus de jour & de force au discours precedent, & pour faire connoistre auec plus d'éuidence le peu de raison qu'ont les Iansenistes de se plaindre du Formulaire: Ie sup-

plie le Lecteur de bien confiderer deux chofes ; La premiere, que s'il eftoit vray que nous
ne deuons point croire inte-
rieurement vne verité de foy,
qui fuppofe ou qui enueloppe
vn faict, lequel de foy n'eft pas
reuelé ; il n'y auroit plus de
Foy, ny de Religion, ny d'E-
glife ; toutes les veritez que
nous croyons eftant en quelque façon dependantes de
quelque faict non reuelé. Par
exemple, nous ne ferions point
obligez de croire qu'il y ait aucun veritable Sacrement dans
l'Eglife : & par confequent
nous pourrions dire fans en-
courir aucune note d'herefie,
que depuis le temps des Apoftres, jufqu'à prefent, perfonne n'a efté legitimement bap-

tizé, ny confirmé, ny ordonné,
ny abſous de ſes pechez, & que
jamais Hoſtie n'a eſté conſa-
crée, & que le Corps de IESVS-
CHRIST ne s'eſt point encore
trouué ſur nos Autels : Et de
plus, qu'il n'y a aucune obligation de ſe confeſſer, ny d'entendre la Meſſe , ny de receuoir l'Euchariſtie , ou aucun
autre Sacrement. La raiſon de
tout cecy eſt euidente , parce
que pour faire vn Sacrement,
il faut appliquer vne certaine
matiere, & prononcer vne certaine forme, & auoir l'intention de faire ce que fait l'Egliſe. Or nous ne ſçauons pas par
reuelation que cela ſe ſoit jamais fait, & partant nous ne
ſommes pas obligez de croire
qu'il y ait dans l'Egliſe aucun

veritable Sacrement ; & celuy
qui souſtiendra qu'il n'y en a
point ; & qu'il n'y en a jamais
eü, ne pourra eſtre tenu pour
heretique. Par la meſme raiſon, perſonne n'eſt obligé de
croire que dans l'Egliſe il y ait
vne veritable Hierarchie. Parce que la Hierarchie eſt compoſée du Pape, des Eueſques,
& des Preſtres ; or pour eſtre
Pape, il faut eſtre homme , il
faut eſtre baptiſé, il faut eſtre
éleu Canoniquement par le
College des Cardinaux ; & les
Eueſques, & les Preſtres doiuent eſtre ordonnez ſelon les
formes de l'Egliſe. Or en tout
cela on voit des faicts non reuelez, dont on ne peut auoir
que quelqu'aſſeurance morale & capable d'erreur , & par-

tant on n'eſt pas obligé de croire que dans l'Egliſe il y ait vne veritable Hierarchie, & l'on ne peut pas eſtre eſtimé Heretique, pour ne le pas croire.

Que dirons-nous des Conciles ? Serons-nous obligez de croire qu'ils ſont legitimes, & que leurs deciſions ſont infaillibles, ſoit lors qu'ils eſtabliſſent des veritez de foy, ſoit lors qu'ils condamnent des hereſies ? Point du tout, ſi la maxime des Ianſeniſtes eſt veritable. Parce qu'vn Concile ne peut pas eſtre legitime & d'vne authorité infaillible, s'il n'eſt approuué du Pape : Or qu'vn Concile ſoit approuué du Pape, c'eſt vne choſe de faict qui n'eſt point reuelée dans la Sainte Eſcriture, & qui n'eſt point connuë par la tradition Apostolique, mais seulement par le tesmoignage de quelques Autheurs, à qui l'on ne doit qu'vne creance humaine. C'est pourquoy nous ne sommes point obligez d'adjouster foy aux quatre premiers Conciles generaux, que l'Eglise a tousiours respectez comme les quatre Euangiles, ny aux autres qui ont esté tenus depuis; & celuy qui se mocquera de leurs decisions, & de tout ce qu'ils ont ordonné, soit pour la foy, soit pour les mœurs, ne pourra pas estre accusé, ny soupçonné d'heresie pour ce seul sujet. Ce qui se peut appliquer par la mesme raison aux Peres de l'Eglise : Parce que l'authorité qu'on leur at-

tribuë estant fondée principalement sur l'approbation
que les Papes ont donnée à
leurs ouurages, qui n'est qu'v-
ne chose de faict non reuelée,
nous n'aurons aucune obligation de receuoir leur doctrine
que par bien-seance, & autant
que nous le jugerons à propos.

Peut-estre que les Iansenistes auront quelque respect
pour la Sainte Escriture, &
qu'ils voudront la sauuer de ce
naufrage vniuersel, dans lequel ils enuelopent tout le re-
ste de l'Eglise? Mais c'est ce
qu'il ne faut pas attendre de
leur pieté. Du mesme coup
dont ils ruinent les Sacremens,
la Hierarchie, les Conciles, &
les Peres ils ostent à la Bible
toute l'authorité qu'elle peut

auoir

auoir parmy les Catholiques. Car puis qu'ils ne veulent rien croire de ce qui suppose, ou qui renferme quelque faict non reuelé, & qu'ils ne regardent que les veritez en elles-mesmes, entant qu'elles sont detachées de ces sortes de faicts; ils diront par cette maxime qu'ils reçoiuent bien la parole de Dieu en elle-mesme, mais qu'ils ne sont pas obligez de croire qu'elle soit contenuë dans vn Liure que nous appellons la Bible; Puis que cela regarde vn faict qui ne nous est pas connu par reuelation. Et quoy que par la tradition Apostolique on sçache en general que la Bible contient la parole de Dieu, ils repartiront que cela se doit entendre de quelque Bible qui a esté laissée à l'Eglise par les Apostres. Mais de sçauoir si les Bibles que nous auons maintenant, apres tant de milliers de copies, de traductions, & d'impressions qui en ont esté faites, sont entierement conformes à cette premiere & originale; c'est ce qui ne dépend pas de la tradition Apostolique, mais d'vne autre connoissance inferieure, laquelle de soy est sujette à erreur. Ainsi nous ne sommes pas obligez de croire d'vne creance surnaturelle & diuine, que les Bibles de Cramoisy, de Plantin, ou de quelque autre Libraire que ce soit, contiennent la veritable parole de Dieu : Et par consequent le refus de cette creance ne suffit

pas pour faire mettre au nombre des Heretiques, ceux qui
souftiendront qu'en toute l'E-
glife il n'y a pas vne feule Bible
qui foit pure & fincere, & à laquelle on puiffe attribuer la
qualité de Sainte Efcriture.

Et voilà comme les Ianfeniftes defendent la Foy Catholique, par la refiftance qu'ils
font à la Conftitution du Pape,
& au Formulaire des Euefques.
Pour n'eftre pas obligez de reconnoiftre que les Cinq Propofitions font heretiques au
fens de Ianfenius; ils s'amufent
à chicaner fur vne diftinction
du faict, & du droict, par laquelle ils ruinent entierement
la Foy, la Religion, & l'Eglife,
& menent les ames tout droit
dans l'impieté, & l'atheïfme.

Et la merueille eſt qu'ils croyĕt
auoir excellemment defendu
l'Egliſe contre les Proteſtans
d'Angleterre , en ſouſtenant
qu'on ne peut point condamner les Cinq Propoſitions dans
le ſens de Ianſenius , mais ſeulement en elles-meſmes , parce qu'vn faiƈt non reuelé , quoy
qu'il ſoit joint en vne meſme
propoſition auec vn droiƈt reuelé , ne peut pas eſtre matiere
de foy. A quoy ils adjouſtent
que ce n'eſt qu'en ſeparant le
faiƈt de Ianſenius d'auec le
droiƈt que le Formulaire des
Eueſques auoit eſté receu & ſi-
gné en Sorbonne ; ce qui eſt
vne fauſſeté inſupportable,
comme pluſieurs des principaux Doƈteurs de cette Facul-
té nous l'ont aſſeuré.

Certes, si ces Heretiques ont
de bons aduis de ce qui se passe
icy, ils verront bien que ces
Defenseurs pretendus de l'E-
glise n'agissent pas auec eux
de bonne foy; puis que ce qu'ils
escriuent ne s'accorde point
auec les intentions du Pape &
du Clergé de France, non plus
qu'auec la pratique ancienne &
vniuerselle de toute l'Eglise,
qui n'a jamais souffert qu'on
fist cette separation du faict,
auec le droict, lors qu'il a esté
question de condamner les heresies d'Arrius, de Nestorius,
& des autres Heretiques, comme toute l'Histoire en fait foy.
Ils ne laisseront pas pourtant
de leur sçauoir gré du bon office qu'ils leur rendent, en de-
fendant l'Eglise de la sorte.

Parce que cette defense pretenduë ouurant la porte à l'impieté, & à la ruine entiere de
la Religion, par le mespris
qu'elle apprend de faire des
Sacremens de l'Eglise, de la
Hierarchie, des Peres, & des
Conciles, & mesme de la sainte Bible; elle est entierement
conforme au sentiment des
Heretiques, qui se moquent
& des Sacremens, & de la Hierarchie, & des Peres, & des
Conciles, & se joüent de la
Bible mesme, laquelle ils ac-
commodent & expliquent cô-
me il plaist à chacun selon son
esprit particulier. Cependant
le sage Lecteur peut juger de
ce procedé, si l'Eglise n'est pas
bien obligée à ces Discoureurs
qui se vantent ridiculement

de la defendre contre les heretiques, au mesme temps qu'ils
trauaillent de toutes leurs forces à son entiere ruine. Appel-
lerez-vous ces gens-là Enfans
de l'Eglise ? ou ne m'aduoüe-
rez-vous pas plustost que le Pape a bien eu raison de les traitter dans sa Constitution, d'Enfans d'iniquité ?

L'autre chose qu'il faut considerer, est que ces Messieurs
sont tellement aueugles, qu'ils
ne voyent pas que tout ce
qu'ils escriuent contre le Formulaire, & contre les Prelats
qui l'ont dressé, se peut appliquer également à toutes ces
professions de Foy par lesquelles on condamne les heresies
d'Arrius, de Macedonius, de
Nestorius, d'Eutichez & des

E iiij

autres anciens Herefiarques;
& aux Papes & Conciles qui les
ont compofées. Ce qui eft fans
doute tres-injurieux à toute
l'Eglife ; parce que c'eft l'accu-
fer d'ignorance, d'injuftice, de
tyrannie, & mefme d'herefie.
En effet, fi le Pape & les Euefques ne peuuent pas prefentement nous obliger de condamner d'herefie la doctrine de
Ianfenius ; il eft certain que les
Papes, & les Euefques anciens
n'ont pas eu plus de droict de
faire dire anatheme à la doctrine d'Arrius, de Neftorius, &
des autres Heretiques. Puifque
la raifon pourquoy on refufe
ce pouuoir au Pape, n'eft fondée que fur ce qu'il n'eft pas
de foy que les Cinq Propofitiós
foient dans Ianfenius ; & qu'il

n'est pas moins vray qu'il n'est
pas de foy, que les dogmes
condamnez dans les premiers
Conciles generaux fussent d'Arrius, de Macedonius, de Nestorius, d'Eutichez, n'y ayant
eu aucune reuelation non plus
des vns que des autres. Ainsi
tous ces discours insolens par
lesquels les Iansenistes blas-
ment & outragent les Prelats
qui ont dressé le Formulaire, &
le Pape qui l'a approuué, re-
tombent necessairement sur
tous les Papes & les Conciles
anciens, & par consequent sur
toute l'Eglise : puis qu'elle en
a authorisé la pratique par la
condamnation des heresies, &
de leurs autheurs, sans separer
le faict du droict. Que si l'on
cherche la veritable raison de

cette pratique ancienne, je ne croy pas qu'on en trouue d'autre que celle que nous auons rapportée dans la section precedente : sçauoir que tous ces Saints Personnages qui l'ont authorisée, ne doutoient point qu'il ne fust de foy que toutes les propositions que l'Eglise condamne d'heresie, sont heretiques dans le sens qu'elle les condamne, soit d'Arrius, de Nestorius, ou de quelque autre Autheur que ce soit : Et par consequent ils croyoient auoir droict de traitter d'Heretiques tous ceux qui refusoient de les condamner en ce sens.

C'est pourquoy les Ianseni-stes extrauaguent & quittent le sujet de la question, lors que pour éluder cette preuue tirée de l'vſage ancien, laquelle eſt inuincible ; ils mettent deux differences entre le faict de Ianſenius, & celuy de ces Hereti-ques. La premiere eſt, que l'E-gliſe a fait rejetter ces hereſies ſous leur nom, parce qu'ils auoient eſté condamnez, ana-thematiſez, & excommuniez en leur nom, & en leurs per-ſonnes. Or jamais Ianſenius n'a eſté condamné ny excom-munié en ſa perſonne, ny meſ-me aucun de ceux qui l'ont de-fendu. La ſeconde eſt, qu'il n'y auoit perſonne dans l'Egli-ſe qui ne conuint, que la do-ctrine condamnée d'hereſie dans ces Autheurs, & ſous leur nom eſtoit enſeignée par eux, & contenuë dans leurs Liures; comme eux-meſmes, & tous

leurs defenseurs le reconnoif-
foient. Mais tous ne conuiennent pas que la doctrine condamnée des Cinq Propofitions
foit de Ianfenius ; Ainfi quoyque l'Eglife euft droit de condamner d'herefie, ceux qui re-
fufoient de dire Anatheme aux
herefies d'Arrius, de Neftorius,
& des autres heretiques ; il ne
s'enfuit pas que l'on puiffe
traiter de la mefme forte ceux
qui ne veulent pas condamner
les Cinq Propofitions fous le
nom de Ianfenius.

Ie dis que cette refponfe eft
extrauagante & hors de propos, parce que comme j'ay dit,
l'vnique raifon que les Ianfeniftes apportent du refus qu'ils
font de figner le Formulaire,
& de condamner les Cinq Pro-

positions au sens de Iansenius,
pour donner témoignage de
leur foy, & pour éuiter la note d'heresie, est qu'vn pur faict
non reuelé de Dieu, & qui
n'est contenu ny dans l'Ecri-
ture Sainte, ny dans la tradition ne peut pas appartenir à la
foy diuine; & qu'on ne sçauroit estre heretique en refusant de souscrire à vn tel faict.
Or quelque difference que
l'on mette entre le faict de Iansenius & celuy des anciens Heretiques, il est euident & indubitable qu'ils conuiennent
tous en ce poinct, que ny les
vns ny les autres ne sont point
contenus dans la Sainte Escriture, ny dans la tradition; &
qu'il n'appartient pas dauantage à la foy diuine de dire que

cette doctrine eſt d'Arrius, ou
de Neſtorius, que de dire que
cette autre eſt de Ianſenius.
Ainſi ou l'Egliſe à raiſon pre-
ſentement de tenir pour heretiques ceux qui refuſent de
dire anatheme à la doctrine de
Ianſenius, ou elle a tres-mal
fait de mettre autrefois au rang
des heretiques, ceux qui n'ont
pas voulu condamner la doctrine d'Arrius, & de Neſtorius.

Il eſt donc inutile de dire
que ces Heretiques auoient
eſté condamnez, ou excom-
muniez en leur nom, & que
Ianſenius ne l'a pas eſté, ny
meſme ceux qui defendent ſa
doctrine. Car premierement,
on peut repartir que cette condamnation eſtoit injuſte, puis
qu'elle donnoit lieu à vne he-

refie , obligeant de croire de foy diuine des faicts non reuelez ; fçauoir, que la doctrine d'Arrius, & de Neftorius eftoit heretique.

Secondement , Ianfenius eftant mort auant que fon Liure ait paru , & luy-mefme l'ayant foufmis en mourant au jugement du Pape : L'Eglife a eü raifon d'épargner fon nom, en condamnant fa doctrine. Comme elle a épargné autrefois le nom de l'Abbé Ioachim , en cenfurant ce qu'il auoit efcrit contre la doctrine de Pierre Lombard, parce qu'il auoit foufmis fon Liure au jugement du Pontife Romain, felon qu'il eft rapporté au quatriefme Concile general de Latran. Et ce n'eft pas de mer-

ueille que le Pape n'ait pas condamné les defenseurs de Iansenius en leur propre nom ; puis
qu'ils apportent tant de soin à
le cacher , & que tous leurs escrits paroissent sans nom , ou
auec des noms faits à plaisir. Ie
ne sçay pas pourtant comment
ils peuuent se tenir bien asseu-
rez en leur conscience , contre
les Bulles qui condamnent les
Cinq Propositions de Iansenius; puis que tous ceux qui les
defendent y sont traittez comme heretiques , & que tous
leurs ouurages y sont condamnez. Il ne faut point douter aussi que si Iansenius eust suruescu
à la Censure de sa doctrine , &
qu'il l'eust defenduë auec l'obstination dont ses Sectateurs la
defendent aujourd'huy ; l'E-
glise

glise ne l'euſt condamné & excommunié en ſon propre nom,
& meſme depoſé de ſon Eueſ-
ché, ainſi qu'elle a excommunié & depoſé autrefois Macedonius, Neſtorius, Dioſcore,
& beaucoup d'autres Eueſques
qui n'ont pas voulu retracter
leurs hereſies. Quoyque c'en
ſoit, cela ne fait rien au ſujet
dont nous parlons, parce qu'il
eſt touſiours vray que comme
on n'a pas connu par la Sainte
Eſcriture, ny par la tradition
que les Cinq Propoſitions condamnées ſont de Ianſenius ; on
n'a pas ſceu auſſi par cette voye
qu'Arrius, & Neſtorius ayent
enſeigné les hereſies que les
anciens Conciles leur attribuent. D'où il s'enſuit qu'on
n'a pas peu traitter d'hereti-

ques ceux qui n'ont pas voulu
reconnoiſtre que la doctrine
de ces Autheurs eſtoit condamnée, ſi l'on ne peut pas accuſer d'hereſie ceux qui s'ob-
ſtinent à ne pas confeſſer que
les Cinq Propoſitions de Ianſenius ſont condamnées. Ou ſi
le defaut de reuelation n'a pas
empeſché que les Papes & les
Conciles anciens n'ayent eü
raiſon de prononcer anatheme
contre ceux qui ont refuſé de
condamner la doctrine d'Arrius, & de Neſtorius ; il ne peut
pas empeſcher non plus, que
le Pape d'aujourd'huy , & les
Eueſques ne traittent d'heretiques ces faiſeurs de libelles
qui ne refuſent pas ſeulement
de dire anatheme à la doctrine
de Ianſenius, mais qui ſont aſ-

fez hardis & temeraires pour
fouftenir qu'elle eft tres Catholique.

Il ne fert de rien auffi de dire
que tout le monde eftoit d'accord, que la doctrine attribuée
aux anciens heretiques eftoit
d'eux, & que tous ne conuiennent pas que les Propofitions
condamnées foient de Ianfenius. Car quand cela feroit, &
qu'il fut plus clair que le jour,
qu'il n'y auroit point eü aucune erreur de faict dans la condamnation des anciens heretiques; & qu'on pourroit douter
raifonnablement fi les Cinq
Propofitions font de Ianfenius
dans le fens condamné ; cette
difference pretenduë ne fuffi-
roit pas pour excufer les Papes
& les Conciles qui ont obligé

fous peine d'eftre tenu pour heretique, de dire anatheme aux perfonnes d'Arrius, de Neftorius, & des autres heretiques, & à leur doctrine : eftant impoffible felon la maxime de nos aduerfaires, de deuenir heretique pour ne vouloir pas adherer à vn faict non reuelé, quelque euident qu'il puiffe eftre, felon la lumiere naturelle. C'eft pourquoy, il eft neceffaire que les Ianfeniftes condamnent cette pratique ancienne de toute l'Eglife, & qu'ils accufent d'vne ignorance extreme, ou d'vne haute injuftice tous les Papes, & tous les Conciles qui ont ordonné qu'on tiendroit pour heretiques, tous ceux qui refuferoient de dire anatheme aux

perſonnes d'Arrius, & de Neſtorius, & à leurs eſcrits, & à
leurs dogmes, & à leurs defenſeurs : ou qu'ils condamnent
eux-meſmes cette obſtination
eſpouuantable & inoüye qui
les porte à ne vouloir point
dire anatheme à la doctrine
condamnée de Ianſenius, ſous
ce pretexte friuole, qu'il n'eſt
pas de foy que cette doctrine
ſoit de luy.

On voit meſme qu'ils ſont
d'autant plus obligez à faire
cette retractation, que la difference qu'ils mettent entre le
faict de Ianſenius, & celuy des
anciens heretiques, par laquelle ils font ſemblant de defendre l'vſage ancien de l'E-
gliſe, contre la ſignature du
Formulaire, n'eſt nullement

F iij

veritable. En effet, comment prouuent-ils que les Cinq Propositions ne font point de Ianfenius, ny quant aux termes, ny quant au fens? Ils le prouuent par quelques paroles équiuoques, par des contradictions affectées, & par de continuelles fupercheries, comme nous l'auons demonftré auec vne entiere éuidance, dans la Refponfe à Denys Raymond. Or il eft certain qu'il ne feroit pas fort mal aifé de defendre de la mefme forte la plus-part des heretiques que l'Eglife a condamnez, & de monftrer qu'on n'a pas bien compris leur doctrine, & qu'en effet ils n'ont eü que des fentimens Catholiques.

Ne fçait-on pas que tous

ceux qui veulent publier des nouueautez contre la Foy de l'Eglise, font de grands fourbes, & que pour ne pas effaroucher le peuple, ils déguifent en forte leurs paroles, & leurs actions, qu'on les prend d'abord pour des Catholiques, & mefme pour des perfonnes fort reformées & de haute vertu. Quoy qu'Arrius fuft vn *Socrat. lib.* tres-méchant Heretique, il *2. cap. 19.* trouue vn Preftre qui luy fert d'Aduocat vers l'Imperatrice Conftance, & qui fait accroire à cette Princeffe qu'on l'auoit traitté injuftement, & qu'en effet il n'auoit que des fentimens Catholiques. Conftance feduite par ce Preftre, feduit l'EmpereurConftantin fon frere, luy parlant d'Arrius fi ad-

G iiij

uantageufement , qu'ayant
donné audiance à ce fourbe, &
entendu fa profeffion de Foy,
qui apparemment ne conte-
noit aucune erreur, creut tout
de bon qu'il eftoit Catholique,
& le renuoya en Alexandrie
d'où il auoit efté banny. Et
l'on pouuoit faire le mefme jugement non feulement de
beaucoup de profeffions de
Foy qui furent faites pour declarer la doctrine d'Arrius ;
mais auffi de l'atteftation que
Eufebe Euefque de Nicome-
die, & Teognis Euefque de
Nicée donnerent par efcrit,
par laquelle ils témoignerent
qu'ayant foufcrit au Formulaire de Foy auec les autres E-
uefques, ils auoient refufé de
condamner Arrius; parce qu'ils

*Niceph. l.
8. cap. 43.*

auoient reconnu certainement par ses lettres, & par ses discours qu'il n'estoit pas tel qu'on l'estimoit. En quoy l'on voit vne image de ce qui se passe icy presentement ; Car comme ces deux Euesques condamnoient la doctrine attribuée à Arrius, sans vouloir confesser qu'elle fust de luy; de mesme les defenseurs de l'Euesque d'Ipre condamnent les Cinq Propositions en elles-mesmes, mais ils ne veulent pas aduoüer que ce Prelat les soustienne, ou qu'elles se trouuent dans son liure ny quant aux termes, ny quant au sens. Ils feignent aussi d'en estre conuaincus par la lecture de cét ouurage ; Comme les autres disoient qu'ils estoient en-

tierement perſuadez des bons
ſentimens d'Arrius, par les en-
tretiens qu'ils auoient eus auec
luy, ſoit par eſcrit, ou de parole. C'eſt pourquoy les Euſe-
biens diſent dans vne lettre
rapportée par Saint Athanaſe,
qu'ils ne ſont point ſectateurs
d'Arrius, puis qu'ils ſont Eueſques, & qu'Arrius n'eſt que
Preſtre ; mais qu'ils examinent
ſa foy, & qu'ils l'approuuent,
la jugeant conforme à leur
ſentiment, & à la creance
commune de l'Egliſe ; comme
ils le declarent par la profeſſion de foy qu'ils adjouſtent
en ſuitte, dans laquelle il n'y
a rien qui ne ſoit Catholique.
Ainſi l'on voit qu'Arrius a eſté
juſtifié en la meſme maniere
dont on taſche aujourd'huy de

Epiſt. de
Synodis A-
rimini &
Seleucia.

justifier Iansenius : & ceux qui
ont depuis soustenu sa doctrine , n'ont pas manqué de la
faire paroistre saine & orthodoxe aux yeux des ignorans;
cachant adroitement leurs erreurs sous des termes inno-
cens, & Catholiques. C'est ce
que nous apprenons non seulement de S. Athanase le grand
aduersaire des Arriens , mais
aussi de Saint Hilaire Euesque
de Poictiers en plusieurs endroits de ses liures, particulierement dans le demeslé qu'il
eut auec Auxence Euesque de
Milan , faisant voir que ce Prelat Arrien estoit perpetuelle-
ment dans les equiuoques, &
qu'il taschoit par ses discours
de paroistre Catholique; quoy
qu'en effet il fust Heretique.

Ce qui ſe voit auſſi fort clairement par les termes dont la
profeſſion de foy qu'il rapporte de luy, eſt compoſée. Tous
les autres qui ont eſcrit contre
les Arriens, comme Saint Am-
broiſe, Phæbadius Eueſque
d'Agen, & Fauſtin Preſtre re-
marquent le meſme eſprit
fourbe & diſſimulé de ces Heretiques, dans le ſoin qu'ils
auoient d'imiter le langage
des Catholiques, pour ne pas
faire paroiſtre au dehors les erreurs, & les mauuais deſſeins
qu'ils couuoient dans leur ame.

On peut remarquer le meſ-
me eſprit dans les eſcrits, &
dans la conduite de Neſtorius.
Car il a eſté condamné pour
auoir ſouſtenu qu'en IESVS-
CHRIST il y a deux perſon-

nes, dont l'vne est Dieu, & l'autre vn pur homme, & que la Vierge ne doit pas estre appellée Mere de Dieu, mais seulement Mere de IESVS-CHRIST, comme n'ayant enfanté qu'vn pur homme. Or quoy que Nestorius se soit declaré ouuertement sur ces deux poincts, & que l'Eglise ait eu tres-juste sujet de rejetter sa doctrine comme heretique : il faut aduoüer pourtant que celuy qui voudroit entreprendre de faire son Apologie, pourroit trouuer de quoy l'excuser en quelque sorte, & faire voir auec beaucoup d'apparence qu'il n'estoit pas si criminel dans ses sentimens, qu'il paroissoit en quelques-vnes de ses expressions. En effet lors

Epist. 5. inter Epistol. Cyrilli.

qu'il escrit à Saint Cyrille, il insiste fort à prouuer, que la diuinité n'est pas capable de souffrir, ny de naistre dans le temps, ny de ressusciter. D'où l'on pourroit infererque quand il a nié que la Vierge fust Mere de Dieu, il ne l'a nié qu'entant qu'il croyoit que par cette façon de parler on voulut dire, qu'elle auoit enfanté la Diuinité. C'est pourquoy il adjouste, que Saint Paul voulant parler de la mort de IESVS-CHRIST, afin qu'on ne creust pas que le Verbe Diuin fust capable de mourir, employe le nom de IESVS-CHRIST qui renferme deux Natures, le passible & l'impassible dans vne mesme personne: pour faire entendre que le mesme IESVS-CHRIST

estoit ensemble passible & impassible; passible selon la nature humaine; & impassible selon la Diuine. Puis donc qu'il
aduoüe expressement par ces
paroles qu'en Iesvs-Christ il
n'y a qu'vne personne, on
pourroit dire que lors qu'il y
en met deux, il ne distingue
point la personne de la nature,
& qu'il ne refuse d'en reconnoistre vne seule que dans le
sens de ceux qui confondent
les deux natures en vne. D'où
vient qu'il loüe hautement S.
Cyrille de ce qu'il enseigne,
que les deux natures diuine &
humaine sont differentes entr'elles, & toutesfois qu'elles
sont jointes en vne seule personne. Comme aussi de ce qu'il
aduouë que Dieu le Verbe n'a

pas eu befoin de naiftre d'vne femme, & que la Diuinité n'eft pas capable de fouffrir. A quoy il adjoufte que toutes ces cho-fes font veritables & orthodo-xes , & qu'elles combattent toutes les herefies qui ont efté inuentées contre les deux natu-res de Iesvs-Christ. Qu'il ne comprend pas pourtant com-ment cela s'accorde auec ce qu'il efcrit en fuitte , que le Verbe Diuin eft paffible , & qu'il eft né dans le temps; com-me fi pour s'eftre vny auec le corps , il auoit perdu les per-fections qui luy conuiennent naturellement.

Certes tous ces difcours, & autres femblables pourroient fournir dequoy faire vne Apo-logie pour Neftorius, auffi ap-parente

parente que celle que Denys
Raymond a faite pour Ianſenius : & l'on pourroit conclure
aſſez raiſonnablement que cét
Hereſiarque ne s'eſt eſloigné
des ſentimens de l'Egliſe , touchant la Perſonne de Iesvs-
Christ,& de ſa Sainte Mere,
qu'en paroles ſeulement. Ce
qui ſe pourroit confirmer par
le témoignage de Socrate , qui
dit , qu'il auoit reconnu par les
eſcrits de Neſtorius , que c'e- *L. 7. Hi-*
ſtoit vn homme fort ignorant, *ſtor. Eccleſ.*
c. 32.
& qu'il ne diſoit pas que Iesvs-
Christ fut vn pur homme ,
mais ſeulement que ce mot de
Mere de Dieu luy faiſoit peur.
Ce qui ne pouuoit venir que
de cette fauſſe perſuaſion qu'il
auoit , qu'en donnant cette
qualité à la Vierge , on vouloit
G

dire qu'elle auoit enfanté la diuinité, comme nous l'auons déja remarqué. C'est pour-quoy les Nestoriens d'apre-sent, dont la secte s'est toû-jours conseruée dans l'Orient: ne veulent pas qu'on appelle la Vierge, Mere de Dieu; par-ce que ce mot de Dieu com-prenant les trois Personnes, il sembleroit qu'elle auroit en-fanté la diuinité. Ils aduoüent pourtant qu'elle est Mere du Verbe & du Fils de Dieu : Et j'ay parlé à vn sçauant homme de ce païs-là, qui croyoit que les Nestoriens n'estoient point differens des sentimens de l'E-glise Romaine, que dans la ma-niere de parler. Quoy que c'en soit, celuy qui voudroit se donner la peine de faire l'Apo-

Aubert. Miraus no-titia Episco patuum l.1. c. 16.

logie de Neſtorius, pourroit ſe
ſeruir de tous ces déguiſe-
mens, & des termes Catholiques qu'il a luy-meſme em-
ployez, pour le juſtifier des
hereſies qu'on luy attribuë, &
pour faire croire aux perſonnes ſimples, que le Concile
d'Epheſe qui l'a condamné,
n'a pas bien compris ſa doctrine, & qu'il a erré à ſon
égard dans la queſtion de faict.
Sur tout ſi l'on conſidere que
Neſtorius apres auoir long-
temps conteſté, que la Vierge
ne deuoit pas eſtre appellée
Mere de Dieu, conſentit enfin
que ce nom luy fut donné,
comme Socrate le rapporte.
De ſorte qu'on peut trouuer
dequoy juſtifier cét heretique,
non ſeulement quant au fond

Lib. cit.
c. 33.

de sa doctrine, mais encore en ce qui regarde la maniere de parler, & le faire paroistre Catholique en toutes façons.

A quoy j'adjouste vne chose fort considerable; sçauoir, que Nestorius apprist ses erreurs dans l'escole de Theodore de Mopsueste, dont les escrits pa-^{In Ep. ad Cyrill. Al.}roissoient si orthodoxes aux yeux de Iean Patriarche d'Antioche, & d'vn Concile qu'il assembla des Euesques d'Orient, qu'encore qu'ils aduoüassent que dans ces escrits il y auoit quelques endroits obscurs, & qu'on pouuoit entendre à double sens: Ils soûtenoient neantmoins que la plus - part des choses y estoient bien claires, & entierement Catholiques; & mesmes que les paroles qu'on trouuoit obscures & ambiguës pouuoient estre expliquées par d'autres semblables qui auoient esté employées par Saint Athanase, Saint Basile, les deux Saints Gregoires, Amphiloquius, Theophile & beaucoup d'autres Saints Personnages. Qu'ainsi il falloit bié se garder de dire anatheme aux escrits de Theodore, parce qu'on ne pourroit pas le faire sans condamner en mesme temps les ouurages de tous ces Saints Peres. Or il est certain que la mesme grace qui a esté faite au Maistre par le Patriarche d'Antioche, & par son Concile pouuoit aussi bien estre faite au Disciple : Puis qu'ils estoient tous deux dans les mesmes sentimens. Ainsi

l'on pouuoit éluder la Cenſure
qui auoit eſté faite des dogmes
de Neſtorius en diſant, que
parlant comme les Peres, il
falloit prendre ſes paroles en
leur ſens : Comme on taſche
aujourd'huy de rendre inutiles
les Conſtitutions qui ont eſté
faites contre la doctrine de
Ianſenius, en diſant que parlant comme Saint Auguſtin,
il faut le prendre dans le ſens
de ce Saint Docteur.

En voila trop pour mon-
ſtrer combien nos aduerſaires
ſont ridicules, lors qu'ils ſup-
poſent ſans aucune preuue,
que le faict de Ianſenius eſt
bien different de celuy des anciens heretiques ; & qu'il n'y
auoit pas lieu de refuſer de
dire anatheme à leurs dogmes,

comme ils refusent de condamner la doctrine de Iansenius. Il n'est pas besoin qu'a-
pres les deux exemples que je
viens de proposer, je m'arreste
long-temps à rapporter les artifices & les soupplesses dont
Pelage se seruit pour cacher
son heresie, & pour paroistre
Catholique. Les Ianseniftes
sçauent bien ce que Saint Auguftin en escrit en beaucoup
de lieux, & ce que Ianfenius
mesme en a rapporté tout au
commencement de son Liure.
Il suffit de dire pour ceux qui
ne le sçauent pas, que Pelage
fut si adroit à déguiser ses sentimens en presence des Euefques du Concile de Palestine,
que ces Prelats apres l'auoir
oüy & examiné declarerent

G iiij

hautement qu'ils le tenoient
pour Catholique; & que Saint
Augustin luy-mesme, quoy
qu'il fust si oculé, pensa estre
surpris par les discours artificieux de ce fourbe; comme il
l'aduouë franchement en plusieurs endroits de ses œuures.
Nous voyons aussi par les Lettres du Pape Zosime, que Ce-
leste & Pelage luy proposerent
des Professions de foy, faites
auec tant d'artifice & de soûmission à tout ce qu'il luy plai-
roit leur prescrire, qu'il les re-
connut pour Catholiques.

Ie passe à Caluin, puis qu'on
nous le propose pour exemple
de ceux qu'on ne sçauroit entreprendre de justifier des erreurs qu'on leur attribuë, à
moins que d'estre fou. Ie ne

*Epist. 3. &
4. ad Afri-
canos.*

veux pas asseurer qu'il fut aisé
de faire l'Apologie de cét He-
resiarque , touchant tous les
poincts qu'il soustient contre
la doctrine de l'Eglise ; Parce
que je ne l'ay pas assez leu
pour porter ce témoignage de
luy. Mais j'oze dire qu'il y en
a plusieurs de grande consequence , dans lesquels il s'est
declaré si diuersement , qu'on
pourroit soustenir auec beaucoup de vray semblance, qu'il
n'en a eü que des sentimens
Catholiques. Par exemple, Caluin parlant de la Diuinité , des
perfections Diuines, de la Tri-
nité, du Verbe, du Saint Esprit,
de l'Incarnation , & de la personne de IESVS-CHRIST , tombe quelquefois non seulement
dans des heresies grossieres ,

mais auſſi dans d'horribles impietez. D'autresfois il dit tout
le contraire , & en parle à la
maniere des Catholiques,
comme le docte Feu-ardent
l'a demonſtré amplement dans
ſa Theomachie , où il rapporte
je croy plus de cinquante
exemples de cette contrarieté
de ſentimens. De ſorte que
pour juſtifier Caluin de toutes
ces impietez, on n'auroit qu'à
oppoſer les endroits de ſes œuures où il les deſtruit par des
paroles contraires ; comme on
oppoſe contre les veritables
ſentimens de Ianſenius , les
contradictions apparétes qu'il
a employées luy-meſme dans
ſon liure , à deſſein d'eſbloüir
les ignorans , & de paroiſtre
Catholique.

L'on pourroit auſſi le defendre aiſément en la meſme maniere, touchant la realité du Corps de IESVS-CHRIST dans l'Euchariſtie : puis qu'il dit ſouuent que nous receuons ſous les ſymboles du pain & du vin le Corps & le Sang de IESVS-CHRIST ; que le pain eſt appellé le Corps de IESVS-CHRIST, parce qu'il eſt vn ſigne tres-certain de la preſence du Corps de IESVS-CHRIST, qui nous eſt donné dans la Cene : que IESVS-CHRIST nous donne dans la Cene la veritable & propre ſubſtance de ſon Corps & de ſon Sang. Car qui doute que ces ſortes d'expreſſions, & autres ſemblables dont cét eſprit artificieux ſe ſeruoit pour cacher ſon venin,

Bellarmin. lib. 1. de Euchariſt. cap. 1.

Caluin employe ces ſortes d'expreſſions par tout où il traitte de la Cene du Seigneur.

ne foient en foy innocentes, & qu'elles ne marquent dans leur veritable fens , que le Corps de IESVS-CHRIST eft réellement dans l'Euchariftie? Ainfi l'on pourroit employer ces paffages pour dire que Caluin n'eft point different de la foy des Catholiques touchant la realité du Corps & du Sang de IESVS-CHRIST dans l'Euchariftie : Comme les Ianfeniftes nous oppofent quelques paffages de Ianfenius , pour prouuer qu'il eftoit du fentiment des Thomiftes, touchant les Cinq Propofitions condamnées.

Ce qui fe peut confirmer par l'illuftre témoignage du fçauant Claude de Saintes Euefque d'Evreux , non feule-

ment en particulier touchant
le poinct de l'Euchariſtie , de
quoy il traitte amplement dans
ſon excellent ouurage Latin
de ce diuin Sacrement ; faiſant
voir en pluſieurs chapitres les
contradictions euidentes, par
leſquelles les Caluiniſtes taſ-
chent de déguiſer leurs ſentimens en tout ce qui regarde ce
Myſtere ; mais auſſi en general
en ce qui touche toute la doctrine de ces Heretiques. Il
parle tout au commencement
de ſon cinquiéme traitté François contre les atheïſmes de
Caluin, en ces termes. *Tout*
homme qui voudra d'vne maturité
& jugement raſſis conſiderer &
bien examiner la doctrine des
Caluiniſtes , & la façon de l'inſi-
nuer aux eſprits ignorans ou en-

De Eucha-
riſt.Repetit.
6.c.1.2.3.
4.

sorcelez de leur jargon bien com-
posé, il trouuera qu'il n'y eut ja-
mais serpent ny animal plus cau-
teleux que Caluin, & ceux qui
ont esté instruits par luy. En tout
article de leurs atheïsmes, & plus
absurdes impietez qu'ils preten-
dent introduire au monde, on ren-
contrera dans leurs escrits le dit
& le dédit, & de ne vouloir di-
re ce que non seulement ils disent,
mais ce qu'ils taschent de prouuer
par leurs raisons, & allegations
auec vn bel artifice de preuenir,
& injurier comme calomniateurs
les clairuoyants, & les estonner
par injures, & par menaces de
contredire, & de se rendre partie
contre eux. Pendant que peu à
peu ils captiuent la bien-vueillan-
ce des moins exercez à discerner la
verité du mensonge. Ce qu'il

prouue apres par cét exemple
notable : *Caluin a esté accusé &*
condamné à Berne l'an 1554. de
faire Dieu autheur des pechez,
& de la condamnation des hommes, nous en pourrons inserer la
sentence en quelque lieu de ce volu-
me. Pour se defendre & pour
s'excuser il composa vn liure inscrit
(La Response aux calomnies,
&c.) lequel bien veu, & reueu
contient l'affirmation, & la nega-
tion. Il desaduouë quelquefois ce
qui est expres dans son Institution,
& ce qu'il continuë d'y mettre en
ses dernieres impressions depuis sa
condamnation. Derechef Castalio
l'en accuse, & Beze prit la cause
de son Maistre, reprochant à Castalio qu'il estoit vn Sycophante ou
calomniateur ; & fait si bien
que quand il veut soustenir la do-

 *La defense du Formulaire
Ctrine de son Maistre, il dit pis
que luy, & quand il la veut mo-
difier il dit directement contre luy.
Et quelques fueillets apres
ayant rapporté quantité de passages de Caluin, par lesquels il
fait Dieu autheur du peché,
voicy ce qu'il adjouste. Pour
satisfaire à cecy Beze crie le grand
haro, & inuoque le diable si Caluin n'a dit tant de fois tout le contraire, & s'il n'a refuté ces propos contre les Libertins : comme si
c'estoit chose nouuelle en Caluin, &
en Beze de dire d'vn puis d'autre;
& de faire semblant de refuter
ce qu'ils confirment, afin qu'on ne
les ait point en horreur s'ils le pro-
posoient simplement. En toutes les
matieres les plus ardues, & dans
les plus estranges absurditez, c'est
la methode de Caluin de joüer du
passe-*

passe-passe comme vn basteleur, tenir qu'il est dedans, qu'il est dehors,
afin de tromper tout le monde selon
son humeur. Si je dis vray ou non,
je m'en rapporte à tout diligent Lecteur des œuures & des Commen-
taires de Caluin; ou si on ne veut
prendre tant de peine, je me contenteray qu'on lise exactement
chaque traitté de l'Institution, &
je me soufmets à passer pour calomniateur, si en chaque matiere
vous ne trouuez des coups tirez
d'vn baston à deux bouts. Certes
le témoignage d'vn si grand
homme fait bien voir que nostre Licentié ne sçait ce qu'il
dit, lors qu'il asseure auec tant
de hardiesse qu'il faudroit estre
fou, pour nier que Caluin enseigne plusieurs dogmes qui
sont ouuertement contraires

H

à la Foy Catholique; puis que
ſes œuures eſtant toutes rem-
plies de contradictions, ſelon
le rapport de ce grand Prelat,
qui les auoit bien leuës & exa-
minées, il ſeroit auſſi aiſé de
l'ajuſter auec la foy de l'Egliſe,
par des paroles dont le ſens apparent eſt Catholique; que ce
Licentié a trouué de facilité à
joindre les ſentimens de Ianſenius auec ceux des Thomiſtes, par des paſſages qui fauo-
riſent en apparence la doctrine de ces Peres, quoy que l'intention de cét Autheur en fuſt
tres-eſloignée.

Iugez, Lecteur, de tous ces
diſcours le peu de ſincerité, &
de ſolidité qui ſe trouue dans
les eſcrits des Ianſeniſtes. Pour
auoir vn pretexte de ſe main-

tenir dans leur rebellion , ils
fuppofent que le faict de Ianfenius eft bien different de celuy
des anciens Heretiques : &
qu'on n'auoit pas raifon de
nier que les dogmes qu'on leur
attribuoit , ne fuffent d'eux;
comme ils ont raifon de fouftenir que les Propofitions que
le Pape a condamnées ne font
point de Ianfenius. D'où ils
concluent qu'encore que les
Papes, & les Conciles anciens
ayent tenus pour heretiques
ceux qui n'ont pas voulu condamner les dogmes d'Arrius,
de Neftorius , & des autres
Heretiques fous leur propre
nom, & dans leurs efcrits ; on
n'a pas raifon de foupçonner
prefentement d'herefie ceux
qui refufent de condamner les

H ij

Cinq Propositions dans le sens de Ianfenius, & de reconnoistre qu'elles sont dans son liure selon le sens condamné. Mais nous auons fait voir manifestement que leur supposition est tres-fausse, & qu'il y auoit autant de raison de justifier Arrius, Nestorius, Pelage, & Caluin des heresies qu'ils ont enseignées effectiuement, & pour lesquelles ils ont esté justement condamnez ; que de justifier Ianfenius des heresies pour lesquelles il a esté censuré.

De plus, nous auons monstré que quand cette supposition seroit veritable, elle ne leur seruiroit de rien pour excuser leur desobeïssance : parce qu'on leur repartira toû-

jours, que quelque clarté qu'ils
suppofent dans le faict des anciens Heretiques, elle ne pouuoit venir que d'vne connoif-
fance purement naturelle &
humaine; & qu'il eft tres-faux
qu'on fceuft par reuelation
que tels ou tels dogmes eftoiét
d'Arrius , ou de Neftorius.
D'où vient que dans la fenten-
ce par laquelle Neftorius fut
depofé au Concile d'Ephefe,
il eft rapporté qu'on le condamne fur fes efcrits , fur fes
predications , & fur le témoignage de perfonnes dignes de
foy; ce qui n'eft que purement
humain, & du moins autant
fujet à erreur que les informa-
tions qui ont efté faites à Rome durant plufieurs années,
des veritables fentimens de

Tom. 2. c. 10

Ianſenius touchant les Cinq
Propoſitions. C'eſt pourquoy
l'Egliſe n'ayant pas laiſſé pour
cela de tenir pour heretiques,
tous ceux qui n'ont pas voulu
condamner la perſonne , les
dogmes , les écrits, les ſermons
& les ſectateurs de Neſtorius;
on conclut de là efficacement
ou que toute l'Egliſe a erré
dans cette maniere d'agir , (ce
qui ne ſe peut dire ſans vne éui-
déte impieté) ou qu'elle a droit
de contraindre les Ianſeniſtes
de dire anatheme à la doctrine
de Ianſenius , & de les traitter
comme heretiques au cas
qu'ils le refuſent. Sur tout
eſtant ſi certain , & ſi euident
que le ſens des Propoſitions
condamnées ſe trouue dans
ſon liure, qu'on ne peut ſouſ-

tenir le contraire que par vn
Esprit de contradiction, & par
vn dessein de resister à l'authorité du Pape & des Euefques, comme nous l'auons fait
voir dans la Réponse à Denys
Raymond, à tous ceux qui ne
veulent pas s'aueugler eux-
mesmes, ny se perdre par vne
obstination volontaire.

Toutes les défaites, ny toutes les chicaneries du Port-
Royal ne sont pas capables d'é-
luder, ou d'affoiblir ce raisonnement en façon que ce soit;
& il faut que les Iansenistes
condamnent toute l'Eglise, ou
qu'ils se condamnent eux-
mesmes, dans le refus qu'ils
font de reconnoistre que les
Cinq Propositions sont heretiques dans le sens de Iansenius.

H iiij

Ce qui ſe peut prouuer encore
tres-efficacement par cette autre raiſon tirée de l'vſage ancien. Il eſt éuident que l'Egliſe n'a pas plus de pouuoir de
decider les veritez Catholiques
que de condamner les hereſies : & par conſequent que ſi
elle ne peut pas faire condamner quelques propoſitions
comme heretiques, dans le
ſens de leur Autheur, parce
qu'il n'eſt pas reuelé qu'elles
ſoient de luy ; elle n'a pas non
plus le pouuoir de faire approuuer des opinions Catholiques, au ſens de celuy qui les
a enſeignées ; puis que nous ne
ſçauons nullement par reuelation qu'elles ſoient de cét Autheur, & que toute la connoiſſance qu'on a des vnes & des

autres, est purement humaine,
& depend de ce que l'on a leu
ou entendu des sentimens de
ceux à qui on les attribuë. Or
nous voyons par la pratique ancienne de l'Eglise, que comme
les Papes, & les Conciles ont
fait dire anatheme aux heresies
& à leurs Autheurs, & qu'ils
ont tenu pour heretiques ceux
qui leur ont refusé cette obeïssance ; ils ont obligé aussi d'approuuer, & de croire la doctrine de quelques Docteurs Catholiques, & ont mis au rang
des Heretiques ceux qui ont
refusé de leur rendre cette soûmission.

C'est dequoy nous auons
plusieurs exemples dans l'Antiquité, entr'autres deux fort
celebres, dont l'vn regarde

quelques écrits de Saint Cyrille Patriarche d'Alexandrie, qui
furent tellement approuuez
dans le Concile d'Ephese , &
dans celuy de Calcedoine; que
tous ceux qui oſoient les re-
prendre , ou qui refuſoient de
les receuoir comme contenans
vne doctrine orthodoxe, & entierement conforme au Symbole du Concile de Nicée, paſ-
ſoient pour heretiques. Nous
voyons meſme que le Pape Ce-
leſtin eſcriuant à Neſtorius,
luy mande qu'il ne l'admettra
point à ſa Communion , qu'il
ne deteſte ſes erreurs , & qu'il
n'embraſſe la doctrine de l'E-
ueſque d'Alexandrie. De plus,
le cinquiéme Concile vniuerſel condamne ce que Theodoret a eſcrit contre le Concile

d'Ephese, & contre les douze
chapitres ou anathematiſmes
de Saint Cyrille, comme eſtant
contraire à la foy Catholique.
Il condamne auſſi la lettre qu'I-
bas Eueſque d'Edeſſe auoit eſ-
crite à vn Heretique nommé
Maris, comme eſtant injurieuſe tant au Concile d'Ephese,
qu'à la perſonne, & aux eſcrits
de l'Eueſque d'Alexandrie.

L'autre exemple eſt tiré de
cette admirable Lettre que S.
Leon écriuit à Flauien Eueſque de Conſtantinople contre
les erreurs d'Eutichez, laquelle fut receuë & approuuée par
le Concile de Calcedoine,
comme vne colomne commu-
ne & publique dreſſée pour
confirmer la foy du Myſtere
de l'Incarnation. De ſorte que

Action 4. les Euefques d'Egypte ayant refufé de receuoir cette Lettre, fous pretexte qu'ils n'auoient point d'Archeuefque, ce Concile les declara heretiques, & voulut les chaffer de fon affemblée. Nous apprenons encore de l'Hiftoire Ecclefiaftique, que dans les profeffions de foy qui fe faifoient alors, on ne promettoit pas feulement de receuoir les quatre premiers Conciles œcumeniques, mais auffi d'adherer entierement à la Lettre de S. Leon : Ce qui a efté pratiqué depuis en diuerfes occafions.

Baron. an. Chr. 519. *n.* 118. Vn Diacre nommé Victor, eftant accufé d'eftre Neftorien fe purgea de cette accufation, en donnant vne profeffion de foy, par laquelle il témoignoit qu'il receuoit le Concile de Calcedoine , la Lettre que S. Leon auoit enuoyée à Flauien, & ce que Saint Cyrille auoit escrit contre Nestorius. Le Pape Gelase dans le Decret *In Concilio Romano an. 494.* qu'il fit des Liures sacrez , & des apocryphes, prononce anatheme contre celuy qui voudra contester vn seul iota de la Lettre dont nous parlons , & qui ne la receura point auec respect en toutes choses. Le *Epist. 12. ad Childebertum.* Pape Pelage fait le mesme contre ceux qui ne suiuent point jusqu'à vne sillabe la doctrine contenuë dans les Lettres de Saint Leon, & dans le Concile de Calcedoine.

Mais il suffit de dire à la loüange de la Lettre dont nous parlons, que nos Euesques de

France l'ayant receuë, trois
des principaux d'entr'eux la
firent copier, & enuoyerent
cette copie au Pape Saint Leon
& le supplierent instamment
de vouloir prendre la peine de
la lire, de corriger exactement
toutes les fautes & les omis-
sions qui s'y rencontreroient,
& d'y adjouster tout ce qu'il
jugeroit à propos; afin que les
Euesques, & les personnes se-
culieres qui estoient grande-
ment desireuses de connoistre
la verité du Mystere dont elle
traittoit, la pussent copier, lire, & garder auec plus de satis-
faction; estant corrigée de la
main de sa Saincteté. Sur quoy
le Cardinal Baronius fait remarquer la pureté de la foy de
l'Eglise Gallicane; en ce que

Anno 449.
n. 43.

ces Saints Euesques, quoy que
tres-habiles , apprehendoient
qu'en faisant copier la Lettre
de Saint Leon , ils ne s'éloi-
gnassent tant soit peu des sentimens de ce Saint Pontife. Ce
qu'ils estimoient vn sacrilege,
& vne impieté ; & qu'ils pre-
noient mesme pour vn entier
éloignement de la verité. Ce
grand Cardinal adjouste, que
tandis que la France a rendu
cette parfaite soûmission au
Souuerain Pontife , elle s'est
conseruée pure, & exempte de
toute sorte d'heresie. Ce qui deuroit seruir d'vn bon auertisse-
ment à quelques vertueux Prelats, qui faute de bien connoistre la doctrine, & les intétions
des Defenseurs de Iansenius, les
appuyent par leur faueur , &

par leurs lettres dans le deſſein viſible qu'ils ont de s'oppoſer aux ſentimens & aux volontez du Pape , & d'en ruïner s'ils peuuent toute l'authorité.

Pour reuenir à noſtre ſujet, Ie demande à nos aduerſaires ſi c'eſt par reuelation que l'on a ſceu, que la doctrine qui eſt contenuë dans la Lettre de S. Leon à Flauien , & dans les écrits de Saint Cyrille contre Neſtorius, eſt Catholique, & entierement conforme à la Foy du Concile de Nicée. Ils m'aduoüeront ſans doute qu'il n'y a eu aucune reuelation de cela, & que ce n'eſt que par la lecture de ces eſcrits , qu'on a reconnu que la doctrine en eſtoit entierement Catholique. L'Egliſe neantmoins n'a

pas

pas laiſſé de tenir pour heretiques tous ceux qui ont refuſé
d'embraſſer cette doctrine,
ſous les noms de Saint Leon,
& de Saint Cyrille, ou qui ont
entrepris de la combattre :
quoy que ce ne ſoit qu'vn pur
faict non reuelé, de dire qu'elle eſt contenuë dans les Lettres
de Saint Leon, & de Saint Cyrille. Il eſt donc vray ſelon leur
maxime, que tous les Papes, &
tous les Conciles qui ont agy
de la ſorte ſont tombez dans
l'hereſie, obligeant les Fidelles à receuoir, & à croire vne
choſe , laquelle n'eſtant pas
connuë ny par la ſainte Eſcriture, ny par la tradition Apoſtolique, ne peut pas eſtre l'objet
de noſtre foy. Il faut aduoüer
auſſi par cette meſme maxime,

I

que le quatriéme Concile general de Latran, composé de 1200.
Euesques, abbez, &c. est tombé
deux fois dans l'heresie : L'vne
en ce qu'il condamne le liure
que l'Abbé Ioachim écriuit
contre Pierre Lombard, &
qu'il ordonne qu'on tienne
pour heretiques tous ceux qui
soustiendront en cela la doctrine de cét Abbé. L'autre, en ce
qu'il definit la doctrine de
Pierre Lombard par ces paroles remarquables. *Nos autem
sacro & vniuersali approbante
Concilio credimus, & confitemur
cum Petro, &c.* canonizant
ce que Lombard auoit écrit, &
que l'Abbé auoit condamné
d'heresie & de folie ; sçauoir
qu'en Dieu il y a vne chose
souueraine, qui est le Pere, le

Fils, & le Saint Esprit. Car on voit que ce Concile definit comme de foy deux choses qui selon la pensée des Iansenistes, ne sont nullement reuelées, sçauoir, que la doctrine de l'Abbé Ioachim, contenuë dans son liure est heretique: L'autre, que la doctrine qui est contenuë dans le liure de Pierre Lombard, est Catholique: ce qui ne se peut excuser d'heresie dans le sentiment de ces Messieurs. Ou s'ils n'ont pas encore perdu entierement la crainte de Dieu, ou la pudeur pour oser soustenir vne si horrible impieté; il faut qu'ils aduoüent que ce qu'ils publient si hardiment dans tous leurs libelles, contre l'honneur des Euesques de l'Assemblée, qu'en faisant soufcrire à leur Formulaire en la maniere qu'il eft conceu, & fans diftinguer le droict d'auec le faict de Ianfenius, ils tombent dans l'herefie; eft vne infigne fauffeté, qui eft combatuë par la pratique ancienne tres-Catholique & tres-Sainte des Papes & des Conciles. Qu'au contraire ils font heretiques eux-mefmes, en s'obftinant comme ils font auec vne prefomption épouuantable, à ne vouloir point foufcrire à ce Formulaire, en la maniere que le Pape l'ordonne, & que les Euefques le declarent; fçauoir en confeffant de cœur & de bouche que les Cinq Propofitions condamnées font heretiques dans le fens de Ianfenius.

Enfin , mon cher Lecteur, quoy que ce long discours que je viens de vous proposer, se soustienne assez de luy-mesme ; pour le rendre encore plus fort contre nos aduersaires , & leur oster toute esperance d'y pouuoir jamais respondre, remarquez je vous supplie , que nous pouuons l'appuyer & le fortifier de leur propre doctrine. Car lors qu'ils veulent faire passer pour infaillible leur opinion touchant la Grace efficace par elle-mesme, ils ont accoustumé de l'attribuer à Saint Augustin , & de soustenir que l'authorité de ce Pere en ce poinct est infaillible. Ce qu'ils ne sçauroient demonstrer que par cét argument.

I iij

Il est de foy que la doctrine que les Papes ont decidée doit estre tenuë pour infaillible dans le sens qu'ils l'ont decidée.

Or est-il que les Papes ont decidé la doctrine de la Grace efficace par elle mesme dans le sens de Saint Augustin.

Donc il est de foy que la doctrine de la Grace efficace par ellemesme est infaillible dans le sens de Saint Augustin.

Il n'est pas necessaire que je m'arreste icy à examiner la mineure de cét argument, puis qu'il ne s'agit point maintenant de la Grace efficace par ellemesme ; de laquelle j'ay traitté assez amplement dans la veritable Defense de la Con

stitution d'Innocent X. il suffit seulement de remarquer
que la majeure est vn des
grands principes de nos aduersaires, sur lequel toute l'authorité qu'ils attribuent à Saint
Augustin, est appuyée. D'où
je conclus que puis qu'ils aduoüent que la doctrine decidée par les Papes doit estre tenuë pour infaillible dans le
sens qu'ils l'ont decidée, ils
doiuent aduoüer aussi que la
doctrine qu'ils condamnent
d'heresie doit estre tenuë pour
heretique dans le sens qu'ils la
condamnent. Et que comme
ils inferent de cette decision
que la doctrine de Saint Augustin touchant la Grace efficace par elle-mesme est infaillible, ils doiuent inferer aussi

de cette condamnation que la doctrine de Ianfenius touchant les Cinq Propofitions eft heretique. Et par confequent que ceux qui refufent de la condamner font heretiques, comme ils traittent d'heretiques ceux qui n'admettent point la doctrine qu'ils attribuent à Saint Auguftin touchant la Grace efficace par elle-mefme.

SECTION III.

Que ceux qui combattent le Formulaire sont Heretiques, & hors la Communion de l'Eglise. Qu'il faut pourtant aduoüer que quand ils veulent faire passer le Iansénisme pour vne Chimere, ils disent mieux qu'ils ne pensent.

IL seroit à souhaitter que ceux qui publient que le Iansenisme est vne chimere, & qu'il n'y a point de nouueaux heretiques en France, fissent serieusement reflexion sur tout ce que nous venons de dire, pour la deffense du Formulaire. Parce qu'ils pourroient en recueillir plu-

fieurs raifons tres-fortes, capables de les guerir de leur
aueuglement, & de leur faire
voir auec vne entiere euiden-
ce, qu'il n'y a jamais eu d'heretiques , fi les Ianfeniftes
ne le font. En effet, on a mon-
tré premierement, que les defenfeurs de Ianfenius fouftiennent vne maxime, d'où il s'enfuit neceffairement que toute
l'Eglife a efté dans l'erreur ; &
qui mefme conduit les Ames
dans l'Impieté & dans l'Atheif-
me. Peut-on fouftenir cette
maxime fans vne euidente herefie ? Si vous dites qu'ils ne
parlent pas de la forte , mais
que ce font des confequences
que nous tirons contre leur
intention , de la maxime qu'ils
fouftiennent : vous ne les jufti-

fierez pas par cette response.
Car outre qu'ils ont bien eu la
hardiesse d'accuser d'injustice
le Concile de Calcedoine, par
la plume de Denys Raymond,
& qu'ils pouuoient soustenir
auec la mesme liberté qu'il
estoit capable d'erreur, & d'heresie, puis que l'vn suit de l'autre; & porter le mesme jugement de tous les autres Conciles : Certes, ces consequences
estant jointes inseparablement
auec leur principe, comme
nous l'auons demonstré, ils en
sont respósables; de mesme que
celuy qui met le feu à vn maga-
zin de poudre, doit répódre de
l'embrasement & des ruines
que cette action cause; quoy
qu'il dise qu'il ne pensoit pas
au dommage qui en est arriué.

On a monſtré de plus que cesMeſſieurs refuſent obſtinement de condamner les Cinq Propoſitions dans le ſens de Ianſenius. Ce refus peut-il eſtre excuſé d'hereſie ; puis que c'eſt vne choſe certaine & tres-conſtante que l'Egliſe a toûjours tenu pour heretiques, ceux qui n'ont pas voulu dire anatheme aux dogmes des Autheurs, dont la doctrine a eſté condamnée d'hereſie : Et que nous auons prouué d'ailleurs que les differences que les Ianſeniſtes mettent entre le faict de Ianſenius, & celuy de ces heretiques ſont tres-fauſſes ; & meſme qu'elles ne feroient rien à leur deſſein, quand elles ſeroient veritables? Certes il faut n'eſtre pas Ca-

tholique, pour excuser d'heresie vne desobeïssance si scandaleuse, & si extraordinaire,
dôtpeut estre on n'a jamais veu
d'exemple parmy des personnes, qui d'ailleurs font mine
d'estre parfaitement sousmises
aux ordres du Saint Siege. Sur
tout apres l'argument par lequel nous auons demonstré,
qu'il est de foy que les Cinq
Propositions sont heretiques
dans le sens de Iansenius.

On a fait voir aussi que les
Iansenistes non seulement ne
veulent pas reconnoistre que
les Propositions sont heretiques au sens de Iansenius, mais
mesme qu'ils ont l'effronterie
de les soustenir comme tres-
Catholiques dans le sens de cét
Autheur : quoy que deux Pa-

pes les ayent condamnées d'heresie en ce sens. Vn homme
non preuenu de passion, peut-
il douter que des personnes
qui combattent si ouuertement la doctine & les sentimens de l'Eglise ne soient heretiques? C'est vne heresie de
ne pas vouloir condamner ce
que l'Eglise condamne comme heretique; & ce ne sera pas
vne heresie de le soustenir im-
pudemment, & de le mettre
au rang des Veritez Catholiques? De toutes les heresies
qui ont esté condamnées jusqu'à present par les Papes, ou
par les Conciles approuuez du
Saint Siege, on n'en peut soustenir aucune sans tomber
dans l'heresie: D'où vient donc
que les heresies de Iansenius

ont ce priuilege entre toutes les autres, qu'il soit permis de les soustenir comme Catholiques, sans que l'on puisse pour cela estre noté ou soupçonné d'heresie?

N'auons-nous pas demonstré encore dans la Réponse à Denys Raymond, que Iansenius soustient les Cinq Propositions dans leur sens propre & naturel? N'est-il pas vray aussi que les Ianseniftes mesmes aduoüent qu'elles sont heretiques en ce sens? Il faut donc de necessité qu'elles le soient dans le sens de Iansenius, & de tous ceux qui les soustiennent dans le sens de cét Autheur: Ce qui ne se peut nier sans tomber dans l'heresie, comme je le prouue par cét argument inuincible.

Il est de foy que ceux qui souftiennent les Cinq Propofitions dans leur fens propre & naturel, les souftiennent dans vn fens heretique:

Or est-il que Ianfenius les fouftient dans leur fens propre & naturel:

Donc il est de foy que Ianfenius les fouftient dans vn fens heretique. Et l'on doit dire le mefme de tous les Ianfeniftes, puis qu'ils les fouftiennent dans le fens de Ianfenius.

Mais pour découurir encore plus nettement cette verité, & en conuaincre les plus obftinez, il faut voir pour quelle raifon chacune des Propofitions est heretique en ellemefme, & dans fon fens naturel.

rel. La premiere l'eſt, parce qu'elle priue le Iuſte qui viole vn commandement de Dieu, de toute Grace ſoit efficace, ſoit ſuffiſante neceſſaire pour garder ce commandement. Or il eſt certain que les Ianſeniſtes le mettent en ce meſme eſtat; puis qu'ils ne reconnoiſſent point de Grace ſuffiſante qui ne ſoit efficace; & qu'il eſt éuident que le Iuſte qui peche, n'a pas la Grace efficace neceſſaire pour éuiter le peché. Dequoy il ne faut point d'autre preuue que ces paroles de Mr Arnauld qui ont eſté condam-nées d'impieté, de blaſpheme, & d'hereſie par la Sorbonne; *Cependant, Monſeigneur, cette grande verité eſtablie par l'Euangile, & atteſtée par les Peres,*

Lettre 2. page 226.

K

146   *La defense du Formulaire
qui nous monstre vn Iuste en la
personne de Saint Pierre, à qui
la Grace, sans laquelle on ne peut
rien, a manqué dans vne occasion
où l'on ne peut pas dire qu'il n'ait
point peché, est deuenuë tout d'vn
coup l'heresie de Caluin, si nous
en croyons les Disciples de Molina.* Ce qui se peut confirmer
par le témoignage du Pere
Leonardi Iacobin du Païs-Bas,
qui apres auoir prouué que
l'homme ne pecheroit pas s'il
n'auoit la Grace suffisante &
necessaire pour éuiter le peché;
respond à quantité d'argumens
de Monsieur Arnauld, par lesquels il tasche de prouuer le
contraire, & de monstrer que
cette opinion tres-veritable, &
tres-Catholique, est impie &
blasphematoire.   Il est donc

De hominis
institutionis
l. 3. c. 12.

p. 3. dissir-
tationis. ar.
17.

tres-constant que Monsieur
Arnauld souftient la premiere
proposition dans le mesme
sens qu'elle a esté condamnée
par deux Papes, & par la Sorbonne ; & qu'ainsi l'on ne doit
pas douter qu'il ne soit heretique , puis qu'il persiste toûjours dans son obstination.
L'on doit porter le mesme jugement des autres Disciples de
Iansenius , puis qu'ils ne s'éloignent point dans ces matieres
des sentimens de Monsieur Arnauld , non plus que de sa fer-
meté inuincible à les defendre contre la doctrine de l'E-
glise.

Il ne faudroit pas aller plus
loin pour estre persuadé de cet-
te verité , puisque pour estre *Dans la Preface de l'Apologie des Saints Peres.*
heretique il suffit de soustenir

vne herefie, & que d'ailleurs
ils aduoüent eux-mefmes que
ces Propofitions font tellement enchaifnées enfemble,
qu'on ne peut en fouftenir,
ou en rejetter aucune, fans
fouftenir ou rejetter toutes
les autres. Il eft à propos neantmoins de les parcourir toutes, & de voir s'il n'eft pas vray
que les Defenfeurs de Ianfenius les fouftiennent dans le
fens condamné. Ie demande
donc pourquoy la feconde a
efté condamnée comme heretique? c'eft parce qu'elle n'admet en cét eftat que des graces
efficaces, aufquelles on ne refifte jamais, & qui ont toûjours
l'effet prochain qu'elles peuuent produire, & pour lequel
Dieu les donne: & qu'elle re-

jette toutes les graces suffisantes ausquelles noftre volonté resifte ; empefchant par
fa malice , ou par fa negligen-
ce qu'elles n'operent en nous
l'effet prochain pour lequel
Dieu nous les donne. Or il eft
certain que les Ianseniftes admettent en ce fens la feconde
Propofition , comme on le
peut juger de ce que nous venons de dire au fujet de la premiere. Car ne reconnoiffant
point prefentement aucune
Grace qui ne foit efficace , &
qui n'ait tout l'effet qu'elle
peut auoir en nous , & pour
lequel Dieu nous la donne, par
confequent ils n'en admettent
aucune à laquelle on refifte, de
cette propre refiftance qui
confifte à empécher fon effect.

Il eſt vray qu'ils admettent
en cét eſtat deux ſortes de Graces, l'vne grande, & l'autre petite ; mais ils croyent qu'elles
ſont toutes deux efficaces, &
que la grande produit vne
action parfaite ; & l'autre vne
ſimple velleité ou complaiſan-
ce. C'eſt auſſi le ſentiment de
noſtre Licentié, & tout ce qu'il
a inuenté pour transformer
cette petite Grace en la Grace
ſuffiſante des Thomiſtes , eſt
pluſtoſt le jeu d'vn Eſcolier qui
s'amuſe à exercer ſon eſprit,
que le diſcours ſerieux & ſoli-
de d'vn habile Theologien,
qui veut eſtablir vne verité de
conſequence , comme je l'ay
demonſtré dans la Reſponſe
que j'ay faite à ſon Eſclairciſ-
ſement pretendu. On peut en-

core verifier cecy par les paroles de la seconde Apologie de *Liure 2.*
Ianfenius, qui portent, que la *chap. 22.*
petite Grace peut eftre appel-
lée inefficace , pour la diftinguer de l'efficace ; non que cel-
le-cy produife fon effet , & que
celle-là ne le produife pas ; n'y
ayant point de Grace de IESVS-
CHRIST qui ne produife fon
effect prochain pour lequel elle eft donnée , & qui en ce fens
ne foit toûjours efficace ; mais
parce que la Grace efficace eft
deftinée à l'action , & non pas
l'inefficace , laquelle ne produit que des defirs imparfaits
de bien viure. Où vous voyez
que felon ces Apologiftes , la
petite Grace n'eft pas deftinée
à l'action; c'eft à dire, que Dieu
ne nous la donne point afin

K iiij

que nous faſſions par elle quelque bonne action, & par conſequent qu'elle ne nous donne point le pouuoir d'en faire.
D'où il s'enſuit que nous ne
reſiſtons point à cette Grace,
puis que reſiſter à la Grace ſelon le langage de la Sainte Eſcriture, & des Peres, c'eſt empeſcher l'effect prochain qu'elle peut produire, & pour lequel elle eſt donnée. Ainſi les
Apologiſtes approuuent entierement la ſeconde Propoſition
dans ſon ſens condamné & heretique; & partant ils ſont heretiques pour ce ſujet, ne re-
connoiſſant point en cét eſtat
de Grace à laquelle on reſiſte;
puis qu'ils n'en admettent
point que d'efficace, & que
l'efficace a toûjours ſon effect.

Il faut aussi remarquer en passant leur impertinence, premierement en ce qu'ils soutiennent que cette petite grace ne laisse pas d'estre efficace, quoy qu'elle ne produise point d'action, & qu'elle soit incapable d'en produire. Car estant telle, elle ne peut estre appellée efficace qu'entant qu'elle a toûjours son effect formel; que c'est vne velleité qui nous fait vouloir, vn desir qui nous fait desirer, & vne complaisance qui fait que nous nous complaisions dans le bien : Or cette maniere de parler est tres-impertinente, parce qu'vne chose n'estant point distinguée de son effect formel, c'est comme qui diroit que la blancheur est vne qualité efficace,

entant qu'elle rend la neige
blanche ; que la beauté eſt vne
qualité efficace, parce qu'elle
rend beau le ſujet où elle ſe
trouue. Ce qui eſt fort eſloigné du langage ordinaire des
hommes, qui n'attribuent jamais le nom d'efficace qu'aux
choſes qui ont la vertu de produire quelque effect hors d'elles ; comme aux herbes, & aux
medecines qui peuuent ayder
à chaſſer les mauuaiſes hu-
meurs, & à rendre la ſanté.

Secondement, ce n'eſt pas
vne moindre impertinence de
releuer ces petites graces par
cette qualité qu'on leur donne,
d'eſtre des Graces de IESVS-
CHRIST, entant qu'elles ſont
efficaces, & qu'elles ont en
nous leur effect formel. Car çét

effect estant absolument necessaire , & Dieu mesme ne
pouuant point l'empescher
qu'en destruisant ces graces,
c'est vne badinerie de vouloir
faire croire que IESVS-CHRIST
ayt offert ses merites, afin qu'elles ayent leur effect en nous.
Car c'est comme qui diroit,
que IESVS-CHRIST estant sur
la Croix, pria son Pere que tous
ceux à qui il donneroit des
velleitez , & des desirs de faire
quelque bonne action, fussent
assez heureux pour vouloir, &
pour desirer de faire cette
action. Ce qui eust esté vne
priere fort inutile , & entierement indigne de la sagesse de
IESVS-CHRIST, qui sçauoit
bien que cela se feroit necef-
sairement de soy-mesme , &

sans qu'il en priast son Pere.
Il faudroit dire aussi que toutes
les graces données à Adam ont
esté des graces efficaces, & des
graces de Iesvs-Christ ; puis
qu'elles ont eu toutes leur effect formel, aussi bien que celles dont nous joüissons à present. Ce qui ne s'ajuste pas
fort bien auec la grande maxime de Iansenius & des Iansenistes, qui porte que dans l'estat
d'innocence il n'y auoit point
de graces efficaces, ny de graces de Iesvs-Christ. En-
fin, on pourroit soustenir dans
la Theologie de ces Messieurs,
qu'il est impossible que Dieu
donne des graces qui ne soient
efficaces ; estant impossible
qu'il en donne aucune qui
n'ait son effect formel. Les

moins intelligens voyent bien
que tout cela est fort déraison-
nable, & qu'il faut le rapporter au chapitre des extrauagan-
ces de Ianfenius, & de Denys
Raymond, dont nous auons
parlé en répondant à ce Licentié.

Pour reuenir à noftre difcours, il eft certain que les Ianfeniftes fouftiennent la feconde Propofition dans le fens
condamné : Et il en faut dire
autant de la troifiéme, laquelle eft heretique entant qu'elle
joint la liberté & le merite de
nos actions auec la neceffité
d'agir. Car comme ils ne parlent en toutes les matieres de
la Grace que felon les fentimens de Ianfenius, & qu'ils
rejettent auec luy de cét eftat

toutes les graces suffisantes, mettant au rang de ces graces toutes celles qui nous laissent dans la liberté d'agir, ou de ne pas agir; parce qu'ils croyent que cette liberté d'indifferen-ce ne peut point s'ajuster auec la Grace de IESVS-CHRIST, mais seulement auec celle du premier homme; il faut absolument qu'ils aduoüent que toutes les graces que nous re-ceuons à present, sont telles qu'elles nous necessitent dans nos actions. Aussi ne feignent-ils pas de le dire quelquefois, quoy que d'ordinaire ils tas-chent d'éuiter ce mot de ne-cessité, & de grace necessitan-te. Car ils mettent deux sor-tes de necessité; L'vne condi-tionnée, l'autre absoluë; Ils appellent conditionnée celle qui determine au bien par vne grace inconstante, & qui peut se perdre, comme dans les Iustes ; Et absoluë celle qui determine au bien par vne grace immortelle, & qui ne se peut point perdre, comme dans les Anges, & les Bien-heureux. Ce qui monstre clairement que la Grace qu'ils admettent en cét estat fait agir necessairement, & que la raison pourquoy elle ne ruine point nostre liberté, c'est parce que c'est vne grace que nous pouuons perdre en cette vie.

C'est pourquoy ils adjoustent en ce sens qui ne marque aucune indifference d'action, mais seulement vne simple

In libello inscripto, Propositiones de gratiâ, &c. *p.* 20. & 21.

mutabilité , par laquelle on
peut paſſer de la grace au peché, qu'auec la grace, où ſans
elle nous pouuons ſimplement
vouloir le bien ou le mal , mais
toutefois que la grace eſtant
preſente nous ne pouuons vouloir que le bien. Ils diſent encore que les merites des Iuſtes
ſont en partie contingens , &
en partie neceſſaires : qu'ils
ſont contingens entant qu'ils
procedent d'vne grace de laquelle ils peuuent déchoir; &
qu'ils ſont neceſſaires, entant
qu'ils ſont produits par la grace, non pas d'vne façon mua-
ble, mais d'vne maniere qui
fait agir neceſſairement , &
enſemble tres-librement ; parce que ce n'eſt pas vne neceſſité contraignante , mais deli-
urante.

urante. Faisant voir par ce jargon si embarassé, & si contraire à la veritable Theologie,
qu'ils n'admettent point pour
l'estat present d'autre liberté
que celle de contrainte, & par
consequent qu'ils soustiennent
la troisiéme Proposition dans
son sens propre & literal, qui
est sans doute heretique ; comme ils l'aduoüent eux-mesmes
dans quelques liures qu'ils ont
faits depuis la Censure de Iansenius.

Surquoy il faut remarquer
la politique de ces Messieurs,
parce que lors qu'ils n'auoient
point de Bulle à combatre, ils
disoient plus librement leurs
sentimens qu'ils ne font depuis
la condamnation de Iansenius.
Ce qui n'empesche pas pour-

L

tant que quelque soin qu'ils apportent à se déguiser, ils ne se
declarent assez en quelques
rencontres , pour monstrer
qu'ils sont toûjours les mêmes,
& qu'ils donnent presentement à la grace efficace la mesme vertu de nous necessiter au
bien, qu'ils luy dónoient auant
que les Cinq Propositions fussent censurées ; comme on le
peut juger de leurs propres
paroles que nous auons rapportées dans la Réponse au Licentié, en parlant de la quatriéme
Proposition selon le sens de
Iansenius. On voit mesme
qu'ils ont enchery sur ce qu'ils
auoient escrit dans le libelle
Latin que nous venons de ci-
ter ; puis qu'ils admettent dans
nos bonnes actions vne necessi-

té si absoluë, que Dieu ne pourroit pas nous empescher de les
faire, à moins que de nous priuer de la grace efficace , par
laquelle nous les faisons : ce
qui est vne heresie si grossiere , & si palpable, qu'il faut
estre tres-ignorant pour le
nier.

Il ne seroit pas necessaire de
nous arrester sur la quatriesme
Proposition, parce qu'elle suit
necessairement de la troisiéme ; en ce que celuy qui soûtient que la Grace efficace
nous necessite dans nos actions, doit confesser par consequent qu'elle n'est pas telle
que nous puissions luy obeir,
ou luy resister. Neantmoins
pour ne rien negliger, il est à
propos de remarquer que les

Ianseniftes l'admettent expreffément dans l'écrit Latin dont
nous auons parlé ; fouftenant
en premier lieu, que les Semipelagiens confefloient que la
Grace preuenante eft neceffaire pour toutes nos bonnes
actions,& mefme pour le commencement de la Foy. Secondement qu'ils eftoient heretiques, en ce qu'ils croioyent
que cette Grace eft telle que
nous pouuons luy obeir , ou
luy refifter prochainement ou
directement. Adjouftant ces
dernieres paroles pour monftrer que l'herefie des Semipelagiens confiftoit à admettre
vne Grace à laquelle on peut
obeïr fans vne nouuelle Grace
qui fuft efficace par elle mefme , & neceffitante comme ils

l'entendent, ce qui eſt vne hereſie formelle. Comme auſſi
lors qu'ils égalent la reſiſtance
que nous faiſons à la Grace, à
l'obeiſſance que nous luy ren-
dons, en ce que nous ne pouuons point de nous-meſmes reſiſter à la Grace, comme nous
ne pouuons point luy obeir
ſans vn nouueau ſecours ; ils
tombent dans vne nouuelle
hereſie, raportant également
à Dieu le mal que nous faiſons,
comme le bien. Si ce n'eſt
qu'on veüille dire que c'eſt par
meſgarde qu'ils n'ont point di-
ſtingué la maniere dont nous
reſiſtons à la grace de nous
meſmes, de celle dont nous
luy obeïſſons, moyennant cette Grace efficace par elle-
meſme, & neceſſitante qu'ils

L iij

croyent neceſſaire pour agir;
Ce qui pourtant n'eſt pas par-
donnable dans des matieres de
conſequence, ny dans des Autheurs critiques qui ne par-
donnent rien à leurs aduerſaires.

Ils approuuent auſſi la quatrieſme Propoſition condamnée dans la deffence pretenduë de la Conſtitution d'Innocent X. où ils diſent expreſſément que les Semipelagiens
ont eu des ſentimens heretiques, en ce qu'ils vouloient
que la grace interieure neceſſaire pour les actions imparfai-
tes, & pour le commencement
de la foy, fuſt telle que la volonté luy obeiſt, ou la rejettat
comme il luy plaiſoit, *Vt velle
in ejus libero relinqueretur arbi-*

trio. C'est à dire que cette grace ne fust pas efficace par elle-mesme. Sur quoy il y a trois choses à considerer. La premiere, que ces Messieurs soustenant que c'est vne heresie d'admettre vne grace qui nous laisse la liberté d'agir, ou de ne pas agir, d'obeir, ou de resister, sont en cela heretiques.

La seconde, qu'ils abusent ouuertement des mots Latins qu'ils rapportent, qui ne veulent dire autre chose, sinon que selon les Semipelagiens, il estoit dans la liberté de l'homme non preuenu de la grace, de vouloir le bien, comme nous l'auons prouué efficacement dans plusieurs de nos ouurages. Au lieu qu'ils les dé-

tournent de tres-mauuaife foy
dans vn fens tout different ;
comme fi ces paroles mar-
quoient vne grace auec laquelle on peut vouloir ou ne pas
vouloir, & que l'erreur des Semipelagiens confiftaft en cela;
ce qui eft tres-faux, & contre
l'atteftation expreffe de tous
les Anciens qui ont rapporté,
& combatu l'erreur des Semipelagiens.

La troifiéme, qu'en prenant
pour vne mefme chofe de dire,
que la grace eft telle que nous
pouuons luy obeir ou luy refifter, & de dire qu'elle n'eft pas
efficace par elle-mefme ; comme il eft de foy que la grace
nous laiffe dans cette indifference, il eft de foy auffi qu'elle
n'eft pas efficace par elle-mef-

me , au sens de ces Messieurs.
D'où il s'ensuit que dés_là
qu'ils soustiennent cette sorte
de grace , ils sont heretiques;
tout de mesme qu'ils le sont en
soustenant que la grace n'est
pas telle que nous puissions luy
obeir , ou luy resister. En quoy
l'on voit leur aueuglement,
parce qu'ils croyent nous faire
peur par ces mots de Grace efficace par elle-mesme ; comme
si nous deuions receuoir à l'a-
ueugle toutes les heresies de
Iansenius pour des veritez Catholiques , sous pretexte qu'elles se trouuent liées auec cette
sorte de grace ; au lieu que
nous deuons au contraire rejetter comme heretique , vne
grace d'où toutes ces heresies
sont tirées par vne consequen-

ce neceſſaire. Ainſi que l'on
doit couper & jetter au feu vn
arbre funeſte qui ne produit
que du fruit veneneux , dont
on ne ſçauroit vſer qu'en per-
dant la vie. L'on voit encore
combien ces diſcoureurs ſont
injurieux à la grace efficace , &
le mauuais office qu'ils luy rendent. Car au lieu de l'ajuſter
auec la Conſtitution du Pape,
& luy donner par ce moyen vn
ſens Catholique , & la traiter
auec l'honneur qu'on doit à
vne fille du Ciel ; ils ſont ſi mal
aduiſez qu'ils la lient inſepara-
blement auec les hereſies condamnées , & la corrompent
entierement par cette liai-
ſon malheureuſe ; la faiſant
Mere de cinq monſtres d'en-
fer , qui ne meritent que les

maledictions du Ciel & de la terre.

Or comme c'est par l'abus qu'ils font de cette grace, qu'ils souftiennent les quatre Propofitions dont nous venons de parler ; ils souftiennent auffi la cinquiéme, qui eft la derniere ; parce que n'admettant point de grace qui ne foit efficace par elle-mefme; c'eft à dire qui ne foit jointe auec l'action de noftre volonté, auffi neceffairement que la caufe formelle eft jointe auec fon effet formel, comme ils l'expliquent eux-mefmes apres Ianfenius. Eftant vifible encore que cette forte de grace n'eft pas donnée à tous les hommes, ny mefme à pas vn de ceux qui fe damnent, à l'é-

gard de la perseuerance, & du
salut eternel ; parce que s'ils
l'auoient, ils perseuereroient,
& se sauueroient effectiuement : Et qu'ainsi il est veritable que IESVS-CHRIST n'est
point mort pour sauuer tous
les hommes, mais seulement
pour sauuer les predestinez : il
s'ensuit de là par vne consequence necessaire, que les Iansenistes tiennent pour vne heresie contraire à la doctrine de
la grace efficace par elle-mesme, & conforme aux senti-
mens des Semipelagiens, ennemis de cette grace, de dire
que IESVS-CHRIST est mort
generalement pour tous les
hommes, & qu'il n'est pas
mort pour le salut des seuls
Predestinez, comme il est por-

té par la derniere Proposition.

C'est pourquoy l'Autheur *Propos. 5.*
de l'écrit latin que nous auons
cité, dit que tout le venin de
l'erreur des Semipelagiens
estoit caché en ce qu'ils disoient que Iesvs-Christ
estoit mort pour tous les hommes en sorte qu'il fut en leur
pouuoir prochain de receuoir,
ou de rejetter le benefice de sa
mort. Et les defenseurs pretendus de la Bulle d'Innocent X.
soûtiennent que c'est vne er-
reur des Semipelagiens de dire *Pag. 278.*
que Iesvs-Christ soit mort
pour tous les hommes, en ce
sens que par sa mort la grace necessaire à salut soit presentée &
donnée à tous, & qu'à l'égard
de tous les adultes il soit dans
le choix du libre arbitre de la

receuoir, ou de la rejetter ; d'en
faire vn bon ou mauuais vſage,
ſans que la grace efficace par
elle-meſme ſoit neceſſaire. Ad-
jouſtant cette queuë de leur
grace efficace par elle-meſme,
pour ſe garantir d'hereſie : quoy
qu'il en arriue tout autrement,
dans la maniere dont ils expliquent la force & la neceſſité de
cette grace : eſtant hors de doute qu'ils ne peuuent la ſouſtenir de la ſorte ſans hereſie,
comme nous l'auons aſſez
monſtré dans nos diſcours pre-
cedants.

D'où je conclus que ceux
qui prennent le Ianſeniſme
pour vne chimere, ſe trompent groſſierement ; puis qu'on
ne peut nier que les Ianſeniſtes
ne ſoient effectiuement here-

tiques, pour toutes ces raisons tres-éuidentes que nous venons de rapporter. On pourroit pourtant excuser cette façon de parler dans la plume d'vn Poëte, qui peut auoir appris que la Chimere est vn Animal composé de trois especes bien differentes, de Lion, de Cheuure, & de Dragon.

Prima Leo, postrema Draco,
media inde Capella.
Quæ grauiter patulis spirabat
naribus ignem.

Car toutes ces pieces s'ajustent fort bien auec le Iansenisme, puis que cette teste enflammée de Lion represente la fierté indomptable des Iansenistes, qui ne reconnoissent point de Superieur ; & le dessein qu'ils ont de mettre le feu

de diuision par toute l'Eglise,
pour en faire vne nouuelle.
Que la Cheuure qui eſt vn animal qui broute & ruine les jeunes plantes, marque le grand
dommage que les Ianſeniſtes
apportent à la jeuneſſe ; laquelle n'eſtant pas aſſez forti-
fiée aux choſes de la Foy, ſe
laiſſe aiſément plier & corrom-
pre par la nouueauté. Et que la
longue queuë du Dragon fait
voir par ſes replis, & entortil-
lemens, les ſouppleſſes, & les
artifices dont les Ianſeniſtes ſe
ſeruent pour enlacer les ames,
& les attirer à leur party.

De plus, puis que l'on voit
que quelques Prelats qui re-
luiſent dans l'Eglise comme
des Aſtres par l'exemple de
leur bonne vie, ſe ſont laiſſez
ſurpren-

surprendre aux discours trom-
peurs, & aux belles apparen-
ces de cette heresie ; ne re-
connoist-on pas en cela quelque marque de cét horrible *Apocalyp.*
desordre que le dragon infer- *cap. 12.*
nal causa dans le Ciel ; lors que
de sa queuë il entraisna auec
soy la troisiéme partie des
Estoilles qui brilloient dans le
Firmament ? l'aduouë donc
que le Iansenisme est vne chimere, en ce sens, & que ceux
qui le nomment ainsi disent
mieux qu'ils ne pensent. Ils
ont raison de porter le Roy à
esloigner sa pensée de ce monstre, dont on luy fait peur ; mais
ils feroient encore mieux de
luy persuader fortement de le
chasser du cœur, & de la pensée de tous ses sujets, & de ne

M

point souffrir dans son Royaume vne beste si effroyable, & si pernicieuse, qui est capable de perdre l'Estat & la Religion, si on ne l'arreste dans le progrez qu'elle fait tous les jours. Ie croy aussi qu'au lieu qu'ils voudroient que sa Majesté ne lançast ses foudres que sur la teste des Athées, des Libertins, & des Blasphemateurs, ils deuroient souhaiter qu'elle fist paroistre principalement sa pieté à soustenir la Foy de l'Eglise; en ordonnant que par tous ses Estats on donne la chasse au Iansenisme; puis que c'est vne beste si dommageable, laquelle auec le temps n'enfantera que des Impies, des Blasphemateurs, & des Athées.

Mais parce que plusieurs personnes qui se laissent tromper par les vains discours des Iansenistes, sont encore dans cette fausse persuasion, que les Propositions ne sont pas heretiques au sens de Iansenius: Outre tout ce que nous auons escrit dans la Réponse à Denys Raymond, pour faire voir aux moins intelligens qu'elles sont effectiuement dans cét Autheur selon le sens condamné; & par consequent qu'elles sont heretiques en son sens : j'adjousteray icy vne nouuelle preuue de cette verité, laquelle doit auoir d'autant plus de poids dans tous les esprits raisonnables, qu'estant tirée des écrits d'vn Pere Iacobin, les Iansenistes ne peuuent point

la recuser auec justice , apres
la peine que Denys Raymond
s'est donnée , quoy qu'inutile-
ment , d'ajuster les sentimens
de Iansenius auec ceux des
Thomistes.

Voicy donc le sentiment du
Pere Leonardi dont j'ay parlé
cy-deuant , touchant les Cinq
Propositions. Il traitte la question , sçauoir , si en cette vie
il y a aucun commandement
que l'homme juste ne puisse
pas accomplir. A quoy il ré-
pond qu'il n'y en a point ; & il
conclut de là que c'est auec raison que le Pape Innocent X. a
condamné comme temeraire,
impie , blasphematoire , & heretique cette Proposition tirée
de Iansenius : *Qu'il y a quelques
commandemens de Dieu qui sont*

Lib. 3. cap.
20.

impossibles aux justes qui veulent,
& qui taschent de les accomplir,
selon les forces presentes qu'ils ont,
& que la grace qui les leur ren-
droit possibles leur manque.

Parlant de diuerses sortes
de graces , il dit qu'il y a vne
vocation exterieure , & vne autre interieure , qui est efficace,
ou inefficace ; & que l'inefficace est suffisante entant qu'elle donne le pouuoir de produire vne bonne action , laquelle
toutefois est empeschée par
nostre resistance. D'où il in- *Lib.3.c.11:*
fere qu'Innocent X. a eu rai-
son de condamner cette Proposition. *Dans l'estat de la na-*
ture décheuë on ne resiste jamais à
la Grace interieure. Et il se mo-
que de ceux qui soustiennent
que cette Proposition se doit

entendre de la seule grace interieure de l'entendement, ou
d'vne resistance qui ne marque
autre chose qu'vn combat entre l'appetit & la grace, qui se
rencontre lors mesme que la
grace est efficace & victorieu-
se : qui sont les défaites ordi-
naires des Iansenistes.

Parlant de nostre liberté, il
monstre qu'elle n'est pas seulement détruite par vne necessité de contrainte, mais aussi
qu'vne simple necessité repugne à la liberté naturelle qui
est requise pour meriter & demeriter. D'où il conclut qu'In-
Lib. 2. cap. nocent X. a eu tres-juste sujet
5. de condamner cette Proposi-
tion de Iansenius, *Pour meriter*
& demeriter dans l'estat de la na-
ture corrompüe , la liberté de ne-

de l'Assemblée du Clergé.   183
cessité n'est pas requise en l'homme,
mais la liberté de contrainte suffit.
Ce qui se peut appliquer à la
seconde partie de la quatriéme
Proposition ; estant visible que
la grace qui nous necessite dans
nos actions ne nous laisse pas
dans l'indifferéce de luy obeïr,
ou de luy resister. Mais pour
ce qui est de la premiere partie
qui n'est qu'vn poinct d'histoi-
re, ce Pere dit qu'Innocent X. *Lib. 3. c. 7.*
a tres-justement condamné la
Proposition de Iansenius qui
porte, *Que les Semipelagiens ad-*
mettoient la necessité de la Grace
preuenante interieure pour toutes
les actions, & mesme pour le com-
mencement de la Foy.

Enfin, le Pere Leonardi sou- *L. 3. c. 6.*
stient que Dieu veut d'vne volonté sincere sauuer tous les

M iiij

hommes , en sorte qu'il leur
presente à tous les graces necessaires pour faire leur salut :
& il refute les argumens de
Monsieur Arnauld , par lesquels il pretend prouuer que
cette volonté n'est point en
Dieu, à l'égard de ceux qui ne
sont point sauuez effectiuement. De plus , parce que
Iesvs-Christ a esté cruci-
fié pour tous ceux que Dieu
veut sauuer, ce Pere estend le
fruit de sa mort & de sa redem-
ption generalement sur tous
les hommes ; non pas en la maniere ridicule dont Iansenius,
& ses Disciples l'expliquent ;
sçauoir que le prix que Iesvs-
Christ a offert estoit de soy
suffisant pour le rachapt de
tous les hommes, & qu'il a me-

C. 8. ejus-
dem libri.

rité quelques graces passage-
res, & vn salut temporel à quelques vns des reprouuez : mais
entant que IESVS-CHRIST a
merité à tous les hommes les
moyens necessaires & suffisans
par lesquels ils peussent se sauuer, s'ils le vouloient. D'où il
conclut que le Pape Innocent *Ibid. c. 9.*
X. a eu raison de condamner
comme impie, blasphematoire, injurieuse à la bonté de
Dieu, & heretique la Proposition de Iansenius qui porte,
que IESVS-CHRIST *est mort seulement pour le salut des predestinez.*

Certes quand nous n'au-
rions point d'autre argument
pour prouuer que les Cinq
Propositions ont esté condamnées dans le sens de Iansenius,

l'authorité de ce ſçauant Tho-
miſte pourroit ſuffire pour en
perſuader toutes les perſonnes raiſonnables. A quoy on
peut adjouſter le ſentiment du
Pere Macedo Religieux Portu-
gais de l'Ordre de Saint François, qui eſt d'autant plus fort
contre les Ianſeniſtes que cét
Autheur a cy-deuant fauoriſé
leur doctrine autant qu'il a
peu : & neantmoins depuis la
Conſtitution d'Innocent X. il
a fait vn liure exprez pour
monſtrer que les Cinq Propoſitions que ce Pape a condamnées, ne ſont nullement de S.
Auguſtin, & que c'eſt par vne
inſpiration particuliere de
Dieu qu'il les a condamnées
d'impieté, de blaſpheme, &
d'hereſie dans le ſens de Ian-

fenius. C'eſt pourquoy puis
que les Ianſeniſtes font gloire
de ſouſtenir ces Propoſitions
dans le ſens de Ianſenius, qui
eſt vn ſens condamné d'impieté, de blaſpheme, & d'hereſie
par les Conſtitutions de deux
Papes; c'eſt vn trop grand aueuglement de croire & de publier, qu'ils ne ſont nullement
heretiques, & qu'on leur fait
vne grande injuſtice de les per-
ſecuter, comme s'ils l'eſtoient
effectiuement.

Mais ce qui eſt encore plus
ſurprenant, & plus inſupportable eſt de voir qu'on taſche
de perſuader au Roy cette fauſſeté ſi viſible, qui eſt combatuë par tant de raiſons, & par
l'obſtination épouuantable de
ceux que l'on veut faire paſſer

pour Catholiques ; qui eſt vne marque tres - certaine de leur eſprit heretique, & contraire à celuy de l'Egliſe. On tâche auſſi de donner du ſcrupule à ſa Majeſté du bon office qu'elle rend au Saint Siege, en appuyant de ſon authorité les Conſtitutions qui ont eſté faites contre la nouuelle hereſie, & le Formulaire que les Eueſques ont dreſſé pour l'execution ſincere de ces Conſtitutions, comme ſi en cela il y auoit quelque choſe de ſemblable à ce qui arriua du temps des Empereurs Zenon, & Iuſtinien ; qui de leur authorité firent des Edicts de pacification & d'vnion touchant les choſes de la Foy, qui tendoient à la ruine du Concile de Calcedoine, & qui pour

ce sujet causerent de grands
troubles dans l'Eglise. Et ces
Princes furent portez à cette
entreprise par le conseil de
quelques Euesques hereti-
ques : à quoy les Papes, & les
Euesques Catholiques s'oppo-
serent de toutes leurs forces;
ce qui attira sur eux leur indi-
gnation, auec beaucoup de
mauuais traitemens qu'on leur
fit souffrir pour ce sujet.

Mais que voit-on de sem-
blable à tous ces horribles excez dans la conduite des Euesques, ou dans la protection
que le Roy leur donne? Tra-
uaille-il par quelque Edict à
ruïner, soit directement ou in-
directement la foy de l'Eglise?
Entreprend - il sur l'authorité
du Pape, & des Conciles? Ap-

puye-t'il les mauuais desseins
de quelques Euesques heretiques ? Persecute-t'il les Euesques Catholiques ? Chasse-t'il
les Pontifes Romains de leur
Siege ? Les enuoye-t'il en exil ?
Leur fait-il souffrir mille in-
dignitez, à cause qu'ils refusent de se sousmettre à des
Edicts impies, & sacrileges ? Il
ne fait rien qui approche de
l'ombre mesme de ces excez.
Tout le mal dont on peut l'accuser, est de montrer par ses
actions qu'il est Roy Tres-
Chrestien, & le Fils aisné de
l'Eglise ; qu'il est imitateur de
la vertu, & du zele que Char-
lemagne, Philippe Auguste,
S. Loüis, François I. & tant
d'autres Roys ses predecesseurs
ont eü pour la conseruation de

la Foy Catholique : qu'il eſt fi-
dele dans les promeſſes qu'il a
faites à Dieu le jour de ſon
Sacre, de ne point ſouffrir de
nouuelles hereſies dans ſon
Royaume ; qu'il a aſſez de
pieté pour deffendre la doctrine & les intereſts de l'Egliſe
Romaine ; & en vn mot que
pour établir vne bonne paix
parmy ſes Sujets, qui ſe
broüillent tous les jours à l'oc-
caſion des nouueautez du Ianſeniſme, & de la maniere dont
quelques - vns le deffendent ;
ſa Majeſté veut & entend
qu'on mette en pratique le
moyen tres-excellent par lequel cette vnion ſe peut faire, ſelon le jugement de la
pluſpart des Eueſques de France, & du Pape meſme, qui

n'eſt autre que la ſignature du
Formulaire en la maniere qu'il
a eſté dreſſé, & ſans ſeparer le
droict du faict de Ianſenius.
En tout cela le Roy merite les
benedictions du Ciel, & les
loüanges de tous les gens de
bien, particulierement de ceux
qui ſont obligez par leur Caractere d'employer juſques à
leur propre vie, pour empeſcher le progrés d'vne hereſie
nouuelle, & d'implorer le ſecours de ſa Majeſté, s'il en eſt
beſoin, pour exterminer tous
ceux qui defendent cette nouueauté.

Cependant nous en voyons
qui, bien loin d'approuuer le
zele tout Chreſtien & tout Religieux que noſtre grand Prin-
ce a témoigné en cette occa-
ſion,

sion, & dont il a receu des re-mercimens , non seulement de tant d'Illustres Prelats de France qui se sont trouuez aux deux dernieres Assemblées du Clergé, mais du Pape mesme, qui a voulu par vn Bref fort obligeant témoigner à sa Majesté , combien son zele à maintenir la foy de l'Eglise luy estoit agreable. Nous en voyons , dis-je , qui blâment ce zele si Saint, & mesme qui l'outragent par des comparai-sons odieuses : qui au lieu d'a-nimer le Roy à la deffense de la foy Catholique, par le cha-stiment de ces Nouateurs qui la combattent, éloignent son esprit de ce dessein si juste & si necessaire , mesme au bien de son Estat ; en luy persuadant

N

que sa Majesté doit se défier de
quelques Prelats qui ont l'honneur de l'approcher , & que
ce qu'on luy represente comme vne heresie, n'est que l'effet de quelque passion secret-
te; ceux que l'on nomme Iansenistes estant des personnes
tres-Catholiques , & tres-ver-
tueuses. Comme s'il y auoit
lieu de faire soupçonner les intentions de quelques Euesques , d'ailleurs tres-vertueux
& tres-sçauans, parce qu'ils trauaillent à faire obseruer la
Constitution du Pape en la
maniere qu'il a esté ordonné
par les deux dernieres Assemblées du Clergé de France. Et
comme si l'on pouuoit estre
Catholique en combatant les
sentimens de l'Eglise Romai-

ne, & en refusant par vne obstination diabolique l'obeïssance qu'on doit au Pape en
chose tres-juste, & qui est authorisée par mille exemples de
l'Antiquité.

Car que demande-t'on à ces
Nouateurs? On leur demande
seulement qu'ils reconnoissent que les Cinq Propositions
condamnées sont heretiques
dans le sens de Iansenius. Voilà tout. Ne sont-ils pas bien
greuez de faire cette confession, qui est si courte, & si ai-
sée, apres que deux Papes l'ont
authorisée par des Bulles ex-
presses, & que tout le Clergé
de France, tous les autres E-
uesques de l'Eglise, & toutes
les Vniuersitez Catholiques
ont receu ces Bulles sans bruit

& sans resistance : Et apres
qu'on leur a fait voir inuinci-
blement que les Propositions
sont effectiuement dans Iansenius selon le sens condamné?
N'ont-ils pas bonne grace aussi
de trouuer en cette conduite
si juste & si douce vne rigueur
plus grande que celle de l'In-
quisition ; & d'autant plus blâ-
mable qu'on l'exerce enuers
des personnes qui sont toûjours dans la Communion de
l'Eglise? Mais qui ne s'étonne-
ra que par ces sortes d'exage-
rations , qui tiennent tout de
l'hyperbole , & rien de la verité , on tasche de faire impression sur la conscience du Roy,
en luy representant comme
vne tyrannie insupportable &
entierement contraire aux li-

bertez de l'Eglise Gallicane, les moyens tres-juftes dont on fe fert pour établir vne bonne paix parmy les Catholiques, pour ruïner vne tres-méchante & tres-pernicieufe herefie, & pour renger des Rebelles à leur deuoir, en les obligeant de rendre aux Conftitutions des Papes la foûmiffion & l'obeïffance qu'on exige d'eux.

Certes ceux qui parlent de la forte ne confiderent pas le tort qu'ils font à leur bon jugement, de tant exagerer vne rigueur qui n'eft que dans leur imagination, puis qu'elle ne confifte qu'en vne Lettre de Cachet que le Roy a enuoyée aux Euefques, pour l'obferuation des Ordonnances de l'Affemblée du Clergé. Et de vou-

loir qu'on épargne les Ianfeniftes, fous pretexte qu'ils font
dans la Communion de l'Eglife ; Eftant vifible que de les
laiffer dans leurs erreurs, & de
ne pas les obliger à les retracter, ce n'eft pas les épargner,
mais plûtoft les traitter cruellement, & leur donner fujet
de fe perdre. Comme ce n'eft
pas épargner vn malade, que
de luy refufer les remedes qui
font neceffaires pour le remet-
tre en fanté, mais c'eft agir
auec luy d'vne maniere inhu-
maine, & confpirer à fa mort;
c'eft auffi vne chofe qui cho-
que le fens commun, de dire
que des perfonnes qui écriuent continuellement contre
les fentimens de l'Eglife, qui
font profeffion publique de

desobeïr au Pape, & de mé-
priser ses Bulles, & qui se vantent mesme de luy auoir donné le dementy, soient dans la
Communion de l'Eglise. Peut-
on estre dans la Communion
de l'Eglise, sans estre dans l'E-
glise ? & peut-on estre dans l'E-
glise en combattant sa foy &
sa discipline, & en se des-vnis-
sant de son Chef par vne rebellion tres - insolente & tres-
scandaleuse ? Les Papes & les
Conciles ne nous preschent
autre chose, sinon que tous les
Heretiques, & tous ceux qui
ne veulent point dire anatheme aux heresies & à leurs Autheurs, & à leurs Escrits, & à
leurs Sectateurs, sont hors la
Communion de l'Eglise. Peut-
on dire apres cela, sans blesser

sa conscience, que des Escriuains tres-insolens, qui refusent obstinément de condamner les heresies de Iansenius, &
qui mesme les soûtiennent
comme des veritez tres-Catholiques, sont dans la Communion de l'Eglise?

Certes s'ils y sont, ce n'est
que parce qu'ils vont à l'Eglise
auec les Catholiques : Ce n'est
que par mine, & pour ne pas
scandalizer les personnes sim-
ples qui se sont mises sous leur
conduite; Ce n'est que par interest, sçachant bien que s'ils
se declaroient ouuertement
contre l'Eglise, ils seroient pri-
uez de leurs Benefices, & de
ces grands secours qu'ils tirent
de la facilité de ceux à qui ils
donnent pour vne des premie-

res regles de leur salut, qu'il
faut qu'ils apportent leurs
biens aux pieds de ces nouueaux Apoſtres. La Politique
que l'Abbé de S. Cyran leur a
laiſſée, n'eſt pas ignorante de
l'aduis qu'vn Heretique donna
autrefois à vn autre, ſçauoir
Eudoxe à Eunomius, qu'il falloit qu'ils cachaſſent adroitement leurs nouueaux ſentimens, juſqu'à ce que l'occa-
ſion ſe preſentaſt de les produire en public auec toute liberté. Ils penſent auſſi quelquefois à ce que Saint Hieroſ-
me eſcrit à Iean Eueſque de
Ieruſalem, en ces termes. *Non
eras tam ſtultus vt apertè defende-
res hæreſim quam ſciebas Eccleſiæ
diſplicere. Noueras te ſi feciſſes,
ſtatim loco mouendum : & ſolij*

*Theodoret.
l. 2. Hiſt.
Eccleſ.c.29.*

*Epiſt. ad
Pamma-
chium.*

tui delicias suspirabas ; sic sententiam temperasti , vt nec simplicibus displiceres , nec tuos offenderes.

Ceux qui parlent si aduantageusement des Iansenistes, pourront remarquer s'il leur plaist, que Saint Leon ordonne à Anatolius de priuer le Prestre Atticus de la Communion des Fidelles, s'il refuse de souscrire de sa propre main à la condamnation des Heretiques, quoy qu'il les condamne de parole. Qu'il defend aussi au Metropolitain de la Prouince de Venise , de receuoir ceux qui ont suiuy les erreurs de Pelage à la Communion de l'Eglise , auparauant que de les obliger de condamner par des professions sinceres , & signées

Cecy est rapporté au Chap. 18. de la Response à Denis Raymond.

de leur propre main, les autheurs de leur erreur superbe. Ils remarqueront encore que Theodoret refusant de dire anatheme à Nestorius, & à ses dogmes, fut tenu pour vn excommunié, & pour vn heretique Nestorien par le Concile de Calcedoine. Tant il est vray que l'Eglise n'admet point à sa Communion ceux qui refusent de luy obeïr, lors qu'elle leur commande de dire anatheme à quelque heresie, & à son autheur. Cela estant, comment peut-on dire que les Iansenistes soient dans la Communion de l'Eglise; puis qu'ils sont excommuniez par les Constitutions de deux Papes, & que dés là qu'ils refusent obstinement de souscrire à la condamnation

Neque enim aliunde hæ reses obortæ sũt aut nata sunt schismata, quã inde quod Sacerdoti Dei non obtemperatur, nec vnus in Ecclesia ad

des Propositions de Iansenius, ils se separent eux-mesmes de la Communion de l'Eglise? N'estant pas possible qu'ils soient vnis auec le Corps de l'Eglise, lors que par vne rebellion manifeste ils se desunissent de son Chef visible, qui est le Souuerain Pontife.

C'est pourquoy les Euesques de Dardanie, & de l'Illirie apres s'estre separez de la Communion de l'Eglise, au sujet de l'heresie d'Eutichez, ne voulant pas donner les mains à la verité, & refusant d'obeïr aux ordres du Saint Siege, en ce que sans doute ils s'obstinoient à ne vouloir pas dire anatheme à cette heresie, & à son autheur; Enfin, Dieu leur ayant touché le cœur, & don-

tempus Sacerdos, & ad tempus Iudex, vice Christi cogitatur. *Cypr. lib. 1 epist. 3. ad Cornelium.*

Ecclesia Romana est summè orthodoxa & nullam vnquam causamalicui dedit vt rationabiliter ab ea diuidatur. Et qui ei sunt vniti & obedientes, & mandata Dei custodiunt, in statu salutis sine dubio sunt. *Barlaam. Episc. de vnione cū Ecclesia R to. 14. Biblioth. Patrum.*

né le desir de r'entrer en la
Communion de l'Eglise, écriuent au Pape Hormiſdas qu'ils
ſont preſts d'obeïr aux Regles,
& aux Commandemens du
Siege Apoſtolique, & de dire
anatheme à Neſtorius, Eutichez, Dioſcore, & à tous les
autres Heretiques qui auoient
eſté condamnez juſqu'alors
par l'Eglise, & à leurs hereſies.
Ce qu'ils firent au grand contentement du Pape, de quoy *Hormiſdas*
il donne aduis à Ceſarius Eueſ- *ep. 30.*
que d'Arles Legat en France
du Siege Apoſtolique, afin
qu'il s'en réjoüiſſe, & qu'il en
loüe Dieu auec luy.

Le meſme Pape écriuant aux *Epiſt. 51.*
Eueſques d'Eſpagne, leur man-
de que pour admettre à leur
Communion les Eueſques

d'Orient qui voudroient y entrer, il falloit qu'ils leur fissent faire vne profession de foy, dont il leur enuoye le Formulaire, qui ne contient quasi autre chose que la condamnation de Nestorius, d'Eutychez, & des autres Heretiques. Comme c'estoit par cette mesme voye que plusieurs du Païs de Thrace, de la Scythie, de l'Illyrie, de l'Epire, & de la Syrie auoient esté receus à la Communion de l'Eglise.

Nous voyons aussi que l'Empereur Iustin ayant esté prié par les Euesques d'Orient, d'interceder pour eux enuers ce Pape, afin qu'il les admist à sa Communion, & ayant receu de leur part vn Formulaire de foy, par le moyen duquel ils es-

Post epist. 74. Hormisda.

peroient d'obtenir cette grace
de sa Sainteté, puis qu'ils y condamnoient toutes les heresies,
& tous les Heretiques que l'E-
glise condamne, & qu'ils y fai-
soient profession de la mesme
Foy qui a toûjours esté enseignée dans le Siege de S. Pierre;
l'Empereur, dis-je, luy enuoye
ce Formulaire, & le supplie d'a-
uoir égard à la juste demande
de tant d'Eglises qui desiroient
r'entrer dans sa Communion,
& de vouloir luy faire sçauoir
par vn mot de lettre que leur
priere auoit esté agreable à sa
Sainteté.

Iean Patriarche de Constantinople enuoye au mesme Pape
sa profession de Foy, par laquelle il luy témoigne qu'il
embrasse entierement ses sen-

Habetur apud Biniū to. 2, pag. 341. inter epistolas Hormisda.

timens , & la foy de l'Eglise
Romaine ; & que pour auoir la
paix auec luy , & joüir du bien
de sa Communion , il condamne tous les Heretiques que sa
Sainteté auoit condamnez. Ce
qui montre visiblement combien ceux-là se trompent qui
croyent que les Iansenistes
soient dans la Communion de
l'Eglise , tandis qu'ils se moquent des Constitutions de
deux Papes, & qu'ils refusent
opiniastrement de dire anatheme à la doctrine de Iansenius,
en la maniere que l'Assemblée
du Clergé de France l'a pres-
crit.

Tant s'en faut que cela soit,
que ceux qui defendent de la
sorte ces Nouateurs, qui autho-
risent leur desobeïssance, & qui
refusent

refusent auec eux de souscrire
au Formulaire, en ce qui regarde la condamnation de la
doctrine de Iansenius, deuroient considerer que le Pape
Hormisdas ne reconnoist point
pour Euesques, ceux qui refu- *Epist. 59.*
sent de condamner les erreurs,
& ne les admet point à sa Communion. Et qu'il est ordonné
dans le quatriéme Concile ge- Si quis E-
neral de Latran, que les Eues- piscopus
ques qui negligent d'éteindre super ex-
les heresies soient deposez de cesi haere-
leurs Eueschez. Car comment tatis fer-
pourroit-on dire que ceux-là gligens fue-
trauaillent à éteindre les here- rit vel resies, qui appuyent les Hereti- id certis
ques de leur faueur, qui leur paruerit ab
prestent leurs plumes pour les officio de-
loüer, & pour les mettre bien ponatur.
dans l'esprit du Roy, & qui veu- *hareticis.*

O

lent faire croire qu'ils ſont tres-
Catholiques, & tres-vnis à l'E-
gliſe ; au meſme temps que
tout le monde eſt témoin de
l'obſtination inouïe , auec laquelle ils defendent vne doctrine impie & heretique que
deux Papes ont condamnée ?
S'il eſt vray que l'on approuue
l'erreur à laquelle on ne reſiſte
pas, & que c'eſt opprimer la verité que de ne pas la defendre,
comme dit excellemment le
Pape Felix III. du nom, écriuant à Acacius Eueſque de
Conſtantinople , comment
pourront ſe juſtifier deuant
Dieu ceux qui non contens de
ne pas reſiſter à des hereſies
condamnées , defendent ceux
qui les ſoûtiennent; & qui bien
loin de defendre la verité lors

Epiſt. 1. ad Acacium.

qu'elle est attaquée, employent leur plume contre elle , & la traittent auec outrage ?

Pour reuenir aux Ianseniftes, je pourrois rapporter icy beaucoup d'autres chofes pour montrer qu'ils ne font qu'en apparence dans la Communion de l'Eglife. Mais je me veux contenter d'adjoufter vne preuue de cette verité , tirée d'vn liure de Monfieur Arnauld , par lequel il refute ce que quelque Predicateur auoit dit au defauantage de quinze Euefques qui ont approuué fon liure de la Frequente Communion. Car apres auoir employé plufieurs fueillets , & les plus belles expreffions de fon eloquence à reprefenter la grandeur de cét excez , il ad-

Dans l'ad-
uertiffemèt
fur quel-
ques Ser-
mons,&c.

joufte qu'il eft d'autant plus grand , qu'il eft indubitable que quinze Euefques repre-fentent tous les Euefques , lors qu'ils fouftiennent vne verité auffi vniuerfelle , & auffi au-thorifée par toute la tradition comme eft celle qu'ils ont ap-prouuée. Que mefme comme les Peres ont dit autrefois , lors que Proterius Euefque d'Ale-xandrie fut tué par les ennemis du Concile de Calcedoine, que tous les Euefques auoient efté tuez en fa perfonne ; nous pou-uons dire auffi tres-veritable-ment que tous les Euefques ont efté deshonorez en la per-fonne de ces quinze ; qu'on n'a traittez fi injurieufement que parce qu'ils fouftiennent vne doctrine, qui eft venuë de fie-

cle en siecle depuis les Apostres jusqu'à nous. Il dit de
plus, que cela ne se doit pas
entendre seulement de tous les
Euesques qui sont en vie, mais
aussi de tous ceux qui sont
morts, & de tous les autres qui
ne sont pas au monde. Parce
que tous les Euesques ne font
ensemble qu'vn seul Euesque,
& vn seul Pasteur, non seulement à l'égard de ceux qui sont
répandus par toute la terre,
mais encore à l'égard de tous
ceux qui les ont precedez, &
qui les doiuent suiure.

Certes on ne peut douter
que l'injure faite à tant de milliers d'Euesques ne soit fort
enorme, & qu'elle ne merite
vn chastiment bien rigoureux:
Mais cela supposé, je voudrois

O iij

bien sçauoir de quelle maniere
il faudroit exagerer l'injure
dont les Ianseniftes noirciffent
la reputation de deux grandes
Affemblées d'Euefques , lors
qu'ils les accufent dans leurs
libelles d'ignorance , de paf-
fion , d'intereft, d'injuftice, de
tyrannie , d'extrauagance, &
d'herefie; parce qu'ils ont dreffé vn Formulaire de Foy pour
faire obferuer les Conftitutions que les Papes ont publiées contre la doctrine de
Ianfenius. Ie voudrois bien fçauoir fi c'eft eftre dans la Communion de l'Eglife que d'outrager fi cruellement tous les
Euefques qui font au monde,
& tous ceux qui ont efté depuis
le temps des Apoftres, ou qui
feront jufqu'au jour du jugement; & de les outrager de la

forte dans vn poinct qui regarde la Foy de l'Eglife? Ces Mef-
fieurs font - ils vnis par la Foy
auec ceux qu'ils traittent d'Heretiques ? Sont - ils vnis auec
eux par le lien de la charité, en
décriant fi injuftement leur
conduite , qui eft toute fainte,
& qui ne peut eftre blâmée que
par des ignorans, ou par des ennemis de la pieté, & de la Religion? Puis donc que les Euefques qui ont dreffé le Formulaire reprefentent tous les Euefques, & que tous les Euefques
reprefentent toute l'Eglife ; il
eft éuident que comme les
Ianfeniftes ne font point dans
la Communion des Euefques,
ils ne font point auffi dans la
Communion de l'Eglife, que
tout au plus en la maniere que
nous auons dit cy-deuant.

SECTION IV.

Qu'il ne faut point changer le For-
mulaire, ny se contenter du si-
lence, sous pretexte de con-
descendre à l'infirmité des Ian-
senistes, & d'auoir la paix
auec eux.

I'AY parlé de cecy en répondant à la Lettre que les Iansenistes ont écrite au R. P. Amelote. Mais je me voy obligé de retoucher la mesme matiere, & d'y adjouster quelques nouuelles reflexions pour répondre à ces Escriuains charitables, qui croyent qu'on doit vser de condescendance auec les Iansenistes, afin d'auoir la paix auec eux.

Ils difent donc & reprefentent au Roy , Que quand le Schifme s'alluma dans l'Eglife pour la queftion qu'on appelloit des trois Chapitres, & pour le cinquiéme Concile où ils auoient efté condamnez ; les Papes qui l'auoient receu n'ont jamais traité comme heretiques ceux qui le rejettoient : Que tant s'en faut qu'ils en ayent vfé ainfi , que S. Gregoire le Grand trouua fort bon que l'Euefque de Milan n'euft pas enuoyé à Theodolinde Reyne des Lombars, qui eftoit dans ce party des Defenfeurs des trois Chapitres; la Lettre qu'il luy écriuoit , à caufe qu'il y nommoit ce Concile ; ce qui euft pû l'effaroucher dauantage. Qu'ainfi l'Af-

semblée du Clergé, qui ne veut
pas passer pour vn Concile general, ny le Pape, ny les Eglises de France ne leur donnant
pas cette authorité, deuroit
vser d'vne mesme condescendance à l'infirmité de leurs Fre-
res, s'il en est besoin pour la
paix.

Ie me suis étonné souuent,
que des personnes judicieuses
employent l'exemple de l'affaire des trois Chapitres, en faueur des Iansenistes. Car premierement la condamnation
de ces trois Chapitres causa
tant de trouble dans l'Eglise,
que la pluspart des Prouinces
de l'Occident faillirent à rom-
pre par vn Schisme épouuantable auec celles de l'Orient.
Ce qui obligea la prudence des

Papes à ne pas contraindre les Euesques & les Peuples, qui ne pouuoient souffrir cette condamnation , croyant qu'elle estoit injurieuse au Concile de Calcedoine, à receuoir le cinquiéme Concile general où ces Chapitres auoient esté condamnez , jusqu'à ce que les choses fussent vn peu accommodées, & qu'on eust fait comprendre aux Rebelles que cette condamnation ne touchoit en rien le Concile de Calcedoine. Ce fut pour cela que le Grand Saint Gregoire trouua bon qu'on ne donnast pas sa lettre à la Reyne des Lombars; parce qu'estant assiegée de quelques Euesques Schismatiques, qui taschoient de luy persuader que les Pontifes de Rome, & le cinquiéme Concile auoient en quelque façon affoibly l'authorité du Concile de Calcedoine, par la condamnation des trois Chapitres; il estoit à craindre que si on la pressoit lors de receuoir le cinquiéme Concile, elle ne se retirast entierement de l'obeïssance de l'Eglise Romaine, & que tous les Lombars n'en fissent de mesme à son exemple: ce qui eust apporté vn tres-grand dommage à la Religion Catholique.

Mais nous ne voyons point graces à Dieu, qu'à present il y ait dans l'Eglise quelque trouble qui approche de celuy-là : Les Constitutions qui ont esté faites contre la doctrine de Iansenius ont esté receuës, &

publiées sans que personne s'y
soit opposé ; tous les Euesques
les font obseruer dans leurs
Dioceses , à la reserue peut-
estre d'vn fort petit nombre. Il
n'y a que quelques Iansenistes
qui s'en plaignent , & qui en
font du bruit dans Paris ; encore ne sçait-on pas qui sont ceux
qui font ces plaintes, puis qu'ils
se gardent bien de mettre leur
nom dans les libelles qu'ils
font imprimer secretement, &
qu'on ne debite que sous le
manteau. En vn mot, nous ne
connoissons ces mécontens
que sous le masque de Denys
Raymond , de Paul Irenée, de
Loüis Montaut , & de Guillau-
me Vendrock; n'est-il pas bien
juste qu'on ait maintenant
autant d'égard à ces quatre

Broüillons, qu'on a eu autrefois à vne infinité d'Euesques
& d'Ecclesiastiques ; de Princes, de Princesses, & de Peuples Catholiques qui se font
embarassez dans le Schisme
causé par la condamnation des
trois Chapitres ? Faut-il que
l'obstination & les menaces de
quelques petits Ecriuains qui
n'employent leurs plumes que
pour seduire les Ames, & pour
combattre l'Eglise par des difcours pleins de faussetez , d'i-
gnorance, & de malice, nous
fassent apprehéder par leur mé-
contentement quelque aussi
grand dommage que seroit la
perte de toutes les Eglises
d'Occident ? Certes je ne voy
rien de plus chimerique que
cette apprehension, ny de plus

mal conceu que de traitter
d'infirmité vne malice noire
qui ne peut eftre excufée en façon que ce foit : comme il n'y
a rien de plus aifé que de ranger ces mécontens à la raifon,
& d'empefcher qu'ils ne faffent
le mal dont ils nous menacent.

En fecond lieu , il faut confiderer que dans la difpute des
trois Chapitres la Foy n'eftoit
point intereffée. Parce qu'il
s'agiffoit feulement de fçauoir
fi la doctrine de Neftorius
eftoit contenuë dans ces écrits.
Or cette doctrine auoit efté
condamnée dans les Conciles
d'Ephefe & de Calcedoine fous
le nom mefme de Neftorius;
& tant ceux qui fouftenoient
les trois Chapitres que ceux
qui les condamnoient eftoient

d'accord que cette doctrine estoit heretique , & que Nestorius l'auoit enseignée. Ainsi l'on n'auoit pas sujet d'accuser d'estre Nestoriens ceux qui soustenoient seulement que les écrits des trois Chapitres estoient exempts de cette doctrine, & par consequent qu'on n'auoit pas peu les condamner comme heretiques. Mais icy il n'en est pas de mesme : Car pour y trouuer de la ressemblance, il faudroit que l'Eglise eust déja condamné en quelqu'autre Autheur les Cinq Propositions de Iansenius, & que les defenseurs de ce Prelat les eussent condamnées auec l'Eglise sous le nom de cét Autheur. Par ce moyen lors qu'ils contestent presentement que

ces

ces mesmes Propositions ne
font pas dans Ianfenius felon
le fens condamné , on auroit
quelque fujet de ne pas les
foupçonner de fouftenir cette
doctrine ; & de croire qu'en la
rejettant effectiuement felon
l'intention de l'Eglife , ils font
feulement perfuadez par la lecture ferieufe de Ianfenius qu'il
ne l'a jamais enfeignée.

Mais ce Prelat eftant le premier en qui ces Propofitions
ont efté condamnées , & ceux
qui le defendent à prefent
ayant toûjours fait profeffion
ouuerte de fuiure fa doctrine,
& de la fouftenir comme tres-
Catholique ; & mefme ayant
protefté auant qu'elle fuft condamnée par le Saint Siege, que
jamais ils ne defereroient à

P

quelque Cenſure que le Pape
en peuſt faire ; il eſt éuident
qu'on n'a que trop de ſujet de
ſoupçonner leur foy , & meſme
de croire tres - certainement
qu'ils ſont heretiques : quoy
qu'ils proteſtent cent fois
qu'ils condamnent comme heretiques les Propoſitions en
elles-meſmes , & qu'ils ſou-
ſtiennent ſeulement qu'elles
ne ſont pas dans Ianſenius ny
quant aux termes , ny quant
au ſens. Tout cela n'eſt qu'artifice & tromperie , puis que
les Propoſitions eſtant condamnées en elles-meſmes , &
ſelon le ſens de Ianſenius,com-
me nous l'auons prouué ; il eſt
impoſſible de les condamner
ſerieuſement en elles-meſmes,
& de les ſouſtenir enſemble

dans le sens de Iansenius. De
sorte que l'on doit se mocquer
de cette bizarrerie , ainsi que
le Pape Hormisdas se mocqua *Epist. s.*
autrefois de l'extrauagance de
quelques Euesques , qui d'vn
costé detestoient les erreurs &
la personne d'Eutichez , & qui
estoient neantmoins de l'autre
fort attachez aux sentimens de
Dioscore , & qui auoient toûjours sa personne en grande
veneration. Parce que tous
deux ayant esté condamnez
pour vn mesme sujet , & par
vne mesme sentence, il n'estoit
pas possible de condamner effectiuement la doctrine de
l'vn, en approuuant celle de
l'autre : ny de tenir Eutichez
pour vn vray Heretique , en
mesme temps qu'on traittoit

Dioscore de Catholique , &
qu'on le consideroit comme
vn Prelat de grand merite , &
digne d'vn singulier respect;
comme s'il eust esté quelque
grand Defenseur de la Foy.

C'est pourquoy y ayant de
si notables differences entre
les Defenseurs des trois Chapitres, & les Defenseurs de Iansenius, il n'est nullement à propos qu'on fasse à ceux-cy la
mesme grace qu'on a fait aux
autres, ny qu'on traitte vn petit nombre de mutins, qui ne
sont nullement considerables
ny dans l'Eglise , ny dans l'E-
stat , ny aucunement disposez
à faire vn bon vsage de la moderation dont on pourroit vser
à leur égard , auec la condescendance que l'on a euë au-

trefois pour vne infinité de
perſonnes de merite & de haute condition , qui ſans auoir
aucune erreur dans la foy,
trouuoient mauuais qu'on euſt
condamné les trois Chapi-
tres , ſur l'apprehenſion qu'ils
auoient qu'on n'auoit pû les
condamner ſans faire injure
au Concile de Calcedoine, qui
eſtoit receu dans l'Egliſe comme le quatriéme Euangile. En
quoy leur apprehenſion eſtoit
d'autant plus excuſable, qu'ils
auoient veu que cette condamnation auoit eſté rejettée
durant quelque temps par l'E-
gliſe Romaine. Au lieu que
nous voyons que les trois Papes qui ont gouuerné l'Egliſe,
depuis que le Liure de Ianſenius a paru , l'ont condamné

par des Bulles expreſſes : Auec
cette difference toutefois que
le ſecond a enchery ſur la Cenſure du premier , & le troiſiéme ſur celle de tous les deux :
declarant expreſſément que
les Cinq Propoſitions ſont heretiques au ſens de Ianſenius,
& traittant d'enfans d'iniquité,
& de perturbateurs du repos
public , ceux qui ne veulent
point reconnoiſtre cette verité.

I'adjouſte à tout cela pour
troiſiéme conſideration , que
ſi d'vn coſté la juſte apprehenſion d'vn tres-grand mal a obligé les Papes de condeſcendre
aux infirmes par vne charité
Paternelle ; ils n'ont pas laiſſé
de l'autre d'employer leur vi-
gilance Paſtorale à rechercher

les occasions de reduire à l'o-
beïssance du S. Siege, & à la
Communion de l'Eglise, ceux
que le mal-heur du temps en
auoit separez. Nous voyons
que le Pape Pelage I. du nom,
voulut rendre ce bon office
aux Euesques de Venise, d'I-
strie, & de Ligurie, en leur faisant receuoir le V. Concile; &
que trouuant de la resistance
en ces Prelats, il pria Narsez *Ep. 3.*
Lieutenant de l'Empereur Iu-
stinien en Italie, de chastier
ces Schismatiques, & de les
ranger à leur deuoir.

Pelage II. fit vn Liure pour
defendre le V. Concile contre
Helie Patriarche d'Aquilée, &
contre les autres Schismatiques ses Sectateurs qui refusoient de le receuoir: refutant

toutes les raifons qui pouuoient les retenir dans le Schifme , & les empefcher de receuoir ce Concile. L'on voit auffi
que du temps de ce Pape, Fron-
ton Archeuefque de Milan
eftant mort , Laurens qui fut
mis en fa place, luy enuoya vn
formulaire de fa profeffion de
Foy, par lequel, pour eftre admis à la Communion de l'Eglife , il protefta qu'il auoit horreur des Schifmatiques,& qu'il
adheroit à l'Eglife Romaine,
en ce qui regardoit les trois
Chapitres. Mais afin qu'on ne
doutaft point de fa fincerité,
il voulut que fon Libelle fuft figné de plufieurs perfonnes de
condition, entr'autres de faint
Gregoire, qui eftoit lors Pre-
uoft, ou Gouuerneur de la Vil-

*Du Chaif-
ne dans la
Vie de Pe-
lage II.*

le ; qui luy seruirent de cau-
tion, dans la promesse qu'il fai-
soit au Vicaire de I E S V S-
C H R I S T. D'où l'on voit la
beueuë de ceux qui s'imaginent que pour quitter le Schifme, en la maniere que le Saint
Siege le desiroit, c'estoit assez
que les Defenseurs des trois
Chapitres r'entrassent dans l'v-
nité de l'Eglise, & qu'ils ne se
separassent point de la Communion de ceux qui les condamnoient. Il est tres-faux que
cela fust suffisant, mais il falloit de plus receuoir le V. Concile, & condamner auec luy les
trois Chapitres. Ce qui se peut
confirmer éuidemment par
plusieurs exemples rapportez
cy-deuant , & par beaucoup
d'autres que nous auons obmis

de la pratique ancienne de l'E-
glise, qui marquent que pour
r'entrer dans la Communion
du Pape, il faut neceffairement
approuuer ce qu'il approuue,
& condamner ce qu'il con-
damne.

Le mefme Pelage écriuit
plufieurs fois aux Euefques d'I-
ftrie pour les retirer du Schifme ; mais au lieu de fléchir ces
Efprits rebelles & obftinez, fes
Lettres les aigrirent dauantage, & les porterent à luy faire
des réponfes infolentes & inju-
rieufes. De forte que cette
voye de douceur & de bonté
paternelle luy ayant fi mal
reüffi, il employa le bras Secu-
lier, s'addreffant à Smaragde-
Exarque de Rauenne pour
auoir raifon de ces reuoltez, &

Binius to.
2. poft epift.
7. huius
Pontificis.

les reduire par force à l'obeïſſance de l'Egliſe.

Saint Gregoire qui ſucceda
au Pontificat & au zele de ce
Pape, ne negligea rien de tout
ce qui pût contribuer à la paix
de l'Egliſe, & à la conuerſion
des Schiſmatiques. Outre le
ſoin qu'il eût d'en reduire pluſieurs en Italie, ſa charité s'é-
tendit juſques dans l'Irlande,
receuant à ſa Communion les
Eueſques de ce païs-là qui s'é-
toient retirez de l'obeïſſance
du ſaint Siege, au ſujet de la
condamnation des trois Chapitres. Mais parce que les Ianſeniſtes nous rediſent toûjours
que ce Pape n'auoit jamais
obligé les Defenſeurs des trois
Chapitres de receuoir le cinquiéme Concile dans lequel

ils auoient esté condamnez, ny
de dire Anatheme à ces Chapitres , & qu'il s'estoit contenté
qu'ils n'en parlassent point ; il
faut se souuenir de ce que nous
auons rapporté apres le Cardinal Baronius , dans la Réponse
à Denys Raymond ; sçauoir ,
que saint Gregoire dressa vn
Formulaire de Foy , par lequel
il voulut que tous les Schismatiques qui retourneroient à la
Communion de l'Eglise, fissent
profession de receuoir non seulement les quatre premiers
Conciles Oecumeniques, mais
aussi le cinquiéme ; & de dire
Anatheme aux trois Chapitres
ou Escrits de Theodore de
Mopsueste, de Theodoret, &
d'Ibas.

Les paroles que ces Escri-

uains raportent de S. Gregoire
ne font nullement contraires
à cecy. Car elles ne difent autre chofe, finon que ce faint
Pape ne voulut point qu'on
parlaft à la Reine des Lombars du cinquiéme Concile,
dans lequel les trois Chapitres
auoient efté condamnez ; ce
qui fut vn effet de fa charité &
de fa prudence, pour la raifon
que nous auons dite : mais
c'eft bien mal raifonner que
d'inferer de là que faint Gregoire fe contentoit que les
Schifmatiques qui reuenoient
à l'vnion de l'Eglife gardaffent
le filence, & qu'il ne les obli-
geoit point à receuoir le cinquiéme Concile. Car de ce que
luy-mefme gardoit le filence,
& ne parloit point du cinquié-

me Concile à vne Reine Catholique de crainte de la ſcan-
daliſer, on conclut qu'il trouuoit bon que ceux qui aban-
donnoient le Schiſme, n'en
parlaſſent point non plus : ce
qui eſt tout à fait impertinent.
Certes, puis qu'ils n'eſtoient
Schiſmatiques qu'à cauſe qu'ils
ne vouloient point receuoir ce
Concile, comment pouuoient-
ils ceſſer de l'eſtre ſans changer
de volonté ? Comment l'Egliſe pouuoit-elle eſtre aſſeurée
de ce changement, & les admettre à ſa Communion, s'ils
ne témoignoient exterieure-
ment qu'ils receuoient le cinquiéme Concile, & qu'ils condamnoient auec luy les trois
Chapitres ? Ainſi, S. Gregoire dreſſa ce Formulaire dont

nous auons parlé ; qui ne porte
pas que ceux qui abandon-
noient le Schifme , promet-
toient de garder le filence, touchant le cinquiéme Concile, &
les trois Chapitres, feló la belle
penfée de nos Reformateurs ;
mais qu'ils receuoient les quatre premiers Conciles comme
les quatre Euangiles ; & qu'ils
reueroient de la mefme forte le
cinquiéme Concile , dans lequel les trois Chapitres auoiét
efté condamnez ; qu'ils rejettoient tout ce que ces Conciles
rejettent, & embraffoient tout
ce qu'ils embraffent.

Ce faint Pape mefme dans
fa propre Profeffion de Foy
qu'il enuoya aux Euefques *Lib. 1. ep.*
d'Orient, confeffe qu'il reçoit *24.*
auec la mefme veneration les

quatre Conciles de Nicée, de
Conſtantinople, d'Epheſe, &
de Calcedoine que les quatre
Euangiles ; qu'il reçoit auſſi le
cinquiéme Concile dans lequel les Eſcrits d'Ibas, de Theodore de Mopſueſte, & de
Theodoret ſont condamnez :
Il ajoûte de plus, qu'il rejette
toutes les perſonnes que ces
Conciles rejettent, & qu'il approuue celles qu'ils approuuent : Parce que ces choſes
eſtant arreſtées par vn conſen-
tement vniuerſel, celuy qui
pretend les détruire ſe détruit
ſoy-meſme ; penſant délier
ceux qu'il lie, ou lier ceux qu'il
délie. Enfin, il prononce Anatheme contre tous ceux qui
ont d'autres ſentimens. Ce qui
fait bien voir la fauſſeté de

tout

tout ce que les Ianseniftes écriuent , foit pour montrer que
faint Gregoire fe contentoit
du filence dans l'affaire des
trois Chapitres , foit pour perfuader aux ignorans, qu'il n'y
a aucune obligation de dire
anatheme aux Efcrits que l'E-
glife condamne ; que mefme
c'eft vne herefie d'obliger à
cela pour donner vne marque
exterieure de fa Foy par cette
condamnation.

Il ne faut pas douter que les
Papes qui font venus apres S.
Gregoire , n'ayent trauaillé
auec zele à efteindre ce mal-
heureux Schifme qui duroit
toûjours en diuers lieux. Le
Pape Honoré premier du nom
eut le bon-heur de l'eftouffer
dans l'Iftrie (où il auoit duré

Q

ſoixante & dix ans) comme on le peut recueillir d'vne poëſie qui fut grauée de ſon temps ſur les portes de l'Egliſe Saint Pierre, & d'vn Epitaphe qui fut fait en ſon honneur, ſelon le rapport de Du Chaiſne dans la vie de ce Pape. En quoy il fut imité long-temps apres par Sergius premier du nom, qui fit tant par ſa doctrine, & par ſon authorité qu'il appaiſa ce meſme Schiſme dont l'Egliſe d'Aquilée eſtoit trauaillée, comme Platine nous l'apprend dans la vie de ce Pape. Ce qui fait connoiſtre combien ce Schiſme eſtoit opiniaſtre, puis qu'il y auoit plus de ſix vingts ans que le cinquiéme Concile auoit eſté tenu, lors que Ser-gius fut éleué au Pontificat.

Non seulement les Papes employoient leur zele à r'appeller les Schismatiques à la Communion de l'Eglise, en leur faisant receuoir le cinquiéme Concile, & la condamnation des trois Chapitres: Mais aussi les Conciles generaux ont beaucoup contribué à ce pieux dessein, en confirmant le cinquiéme Concile, & obligeant tous les Fideles de le receuoir comme vn Concile Oecumenique & approuué de l'Eglise. Le sixiéme Concile vniuersel tenu à Constantino- *Actione 17* ple n'approuue pas seulement les quatre premiers que l'Eglise reçoit comme les quatre Euangiles ; mais aussi le cinquiéme tenu au mesme lieu, & rejette auec luy les écrits de

Q ij

Theodore de Mopsueste , de Theodoret, & d'Ibas auec ceux d'Origene,& de ses Sectateurs.

In definitione fidei.

De mesme le septiéme Concile vniuersel tenu à Nicée en Bithinie , approuue les six Conciles precedens , & notamment le cinquiéme dont nous parlons , qui a esté tenu par toute l'Eglise pour vn Concile vniuersel , & Catholique depuis qu'il a esté receu & approuué par l'Eglise Romaine.

Act. 1.

On apprend aussi de ce mesme Concile de Nicée , que l'Empereur enuoya les Actes du cinquiéme Concile en Ierusalem , où tous les Euesques de la Palestine assemblez receurent vnanimément tout ce qui auoit esté ordonné dans ce Concile , excepté Alexandre

Euesque d'Abile, qui fut d'vn
sentiment contraire ; & que
pour cela il fut deposé de son
Euesché, & que se retirant à
Bysance (ou Constantinople)
il fut englouty par vn tremble-
ment de terre qui le surprit par
les chemins. Il y est remarqué
encore que les habitans de la
nouuelle Laure, s'estans separez de la Communion de l'E-
glise, (sans doute au sujet du
cinquiéme Concile) le Patriarche de Constantinople
Eutichius trauailla fortement
l'espace de huict mois à les re-
metre à la raison; & que n'ayant
peu les reduire , il fut obligé
pour obeïr aux ordres de l'Empereur, de les faire chasser de
ce païs-là comme vne peste
tres-dangereuse, par les armes

du Gouuerneur Anaſtaſe.

Pour faire court, l'Egliſe a toûjours mis le cinquiéme Concile au nombre des Conciles Oecumeniques, & n'a pas moins obligé les Fideles à condamner auec luy les écrits de Theodore de Mopſueſte, de Theodoret, & d'Ibas qu'elle les a obligez de dire Anatheme aux Dogmes d'Arrius, de Macedonius, de Neſtorius, d'Eutichez, & des autres Heretiques que les Conciles precedens auoient condamnez. Excepté qu'en quelques rencontres particulieres les Papes ont jugé qu'il eſtoit neceſſaire de condeſcendre à l'infirmité humaine, pour ne pas échauffer dauantage ce grand Schiſme qui s'eſtoit allumé dans

l'Occident au sujet du cinquiéme Concile ; en contrai-
gnant les Euesques, & les peuples qui en auoient conceu vne
grande auersion, de le receuoir auec autant de veneration
que l'on auoit receu les Conciles precedens. Hors cette
conjonĉture si fascheuse, toute
l'Eglise a conspiré à faire receuoir ce Concile, jusques-là
que le Concile General de
Constance a ordonné, que les
Papes mesmes estant éleus fassent vne profession de Foy en
presence de leurs Electeurs,
par laquelle ils promettent à
Dieu de cœur, & de bouche de
croire fermement, & inuiolablement tout ce qui regarde
la Foy Catholique, selon la tradition des Apostres, des Con-

ciles Generaux , & des autres
SS. Peres : Sur tout des huict
Conciles Generaux, fçauoir le
premier de Nicée ; le fecond
de Conftantinople, le troifiéme d'Ephefe, le quatriéme de
Calcedoine ; le cinquiéme, &
le fixiéme de Conftantinople,
& de tous les autres fuiuans.
Ce qui monftre vifiblement le
peu de raifon qu'on a de fer-
mer les yeux à vne pratique fi
vniuerfelle de toute l'Eglife
approuuée des Papes , & des
Conciles ; & de propofer à fon
prejudice l'exemple particulier de la condefcendance dont
faint Gregoire vfa à l'égard de
la Reyne des Lombars, & de
le tirer à confequence contre
l'intention mefme de ce Pape,
pour faire que les Ianfeniftes

ne soient pas obligez à signer
la condamnation de la doctrine de Ianfenius, que toute l'E-
glife rejette comme impie ,
blafphematoire, & heretique.

Il y a de plus à confiderer icy
que c'eft vne chofe bien hon-
teufe que des particuliers qui
font de Paris, ou qui y font ha-
bituez, perfiftent à demander à
Meſſieurs du Clergé, & au Pape
mefme , qu'il leur foit permis
de figner le Formulaire en diftinguant le faict d'auec le
droict ; voyant que Meſſieurs
les Grands Vicaires, apres auoir
approuué ce deffein , l'ont enfin condamné pour fe foûmet-
tre aux ordres & à la volonté du
Pape. En quoy ils ont donné
vn exemple d'obeïffance non
moins digne d'imitation , que

de loüange ; & qui n'a produit
que de tres-bons effets , fi ce
n'eft peut-eftre dans l'efprit de
ces obftinez , qui au lieu d'en
profiter , en ont conceu du dé-
pit : ne pouuant fouffrir que
l'Eglife foit honorée & forti-
fiée par l'entiere foûmiffion &
déference que les Vicaires d'vn
homme mortel ont renduë au
Vicaire de I e s v s-C h r i s t.

La raifon qu'on allegue,
que la fignature du Formulaire
qui fe feroit en diftinguant le
faict d'auec le droict, feroit vn
moyen de paix & d'vnion entre
les Catholiques & les Ianfeniftes, n'a pas efté affez pefée par
ceux qui la propofent. Comment peuuent-ils s'imaginer
que l'vnion & la paix puiffe s'é-
tablir fur la diuifion ? Le Pape

veut qu'on ne separe point
dans la condamnation des
Cinq Propositions, le faict d'a-
uec le droict; & Messieurs du
Clergé ont dressé vn Formulaire qui est en cela conforme aux
intentions de sa Sainteté : Et
l'on demande à present que
pour obliger des obstinez , il
leur soit permis de faire cette
separation dans leur Profession
de Foy. C'est à dire, que pour
les bons seruices qu'ils rendent
à l'Eglise depuis beaucoup
d'années , n'employant leur
plume que pour la combattre,
& pour la ruïner entierement,
on leur permette de se mocquer du Pape , & de tous les
Prelats de France qui ont composé les deux dernieres Assemblées , & de ceux mesme qui

leur veulent procurer cette grace, puis qu'ils estoient de ce nombre, & qu'ils condamnent presentement comme particuliers, ce qu'ils ont fait, approuué, & signé conjointement auec les autres Prelats. N'est-il pas bien raisonnable d'exiger du Pape qu'il casse sa Constitution, par laquelle il declare que les Propositions sont Heretiques dans le sens de Iansenius : & qu'il en fasse vne autre toute opposée, par laquelle il auoüe qu'il s'est mépris en condamnant la doctrine de cét Euesque, & où il fasse reparation d'honneur à Messieurs ses Disciples, les traittant d'enfans de Grace & de Paix, au lieu qu'il les a appellez enfans d'Iniquité, & per-

turbateurs du repos public ?
Autant vaudroit faire cette de_
mande au Pape si inciuile & si
peu raisonnable, que de vou_
loir que l'on separe dans la For_
mule de Foy, le droict du faict
de Iansenius: puis que cela va
directement contre la teneur
de sa Constitution : & que si les
mécontans auoient cét auan_
tage ; ils ne manqueroient
pas de publier par tout qu'ils
auoient bien eü raison de soû_
tenir, que le Pape s'estoit mé_
pris en condamnant Iansenius,
& de refuser de souscrire au
Formulaire du Clergé, en la
maniere qu'il est conceu. L'on
peut juger aussi combien ce
succés leur enfleroit le coura_
ge, & les rendroit hardis à faire
quelque nouuelle entreprise :

esperant toûjours d'y reüssir en
faisant les mauuais , & mena-
çant de broüiller jusqu'à ce
qu'on les auroit satisfaits.

Ils proposent de faire la paix
auec nous, pourueu qu'on leur
accorde de ne point signer le
Formulaire, ou de le signer en
separant le droict du faict de
Iansenius. Cela veut dire que
nous deuons croire que les
Propositions condamnées ne
sont point de Iansenius dans le
sens condamné, quoy que nous
en soyons conuaincus par nos
propres lumieres : Et de plus,
que le Pape ne peut point obliger à croire vne verité reuelée,
estant jointe à vn faict qui de
soy n'est point reuelé : ce qui
repugne à la Foy Catholique.
De sorte que nous pouuons

dire que la paix que ces Messieurs nous presentent , est
bien plus rude que celle que
Naas Ammonite offrit autrefois aux habitans de Iabes Ga-
laad; leur disant, qu'il vouloit
bien faire la paix auec eux , à
condition qu'il leur arrache-
roit à tous l'œil droit, & qu'il
les exposeroit à la risée, & aux
mocqueries de tout le peuple
d'Israël.   Car au lieu que Naas
se contentoit d'arracher vn œil
à ceux de Iabes, ces Messieurs
ont la bonté de nous en vouloir arracher deux ; sçauoir,
l'œil de la lumiere naturelle
qui nous montre clairement
que les Propositions sont condamnées dans le propre sens
de Iansenius ; & l'œil de la Foy
par lequel nous connoissons

1. Reg. 11.

certainement , que le Pape
peut obliger tous les Catholiques à condamner ces Propositions dans le sens de cet Auteur, pour donner témoignage
de leur Foy ; & tenir pour Heretiques ceux qui luy refusent
cette obeïssance. Par ce moyen
ils veulent exposer le Pape , &
le Clergé de France aux plaintes des Catholiques , & à la risée des Heretiques.

Ce n'est pas de la sorte qu'il
faut agir auec l'Eglise ; elle ne
relasche jamais rien de ses
droicts, dans les choses qui regardent la foy , & le salut des
ames. Dans les paix temporel-
les des Princes on a de coustu-
me de faire (comme on dit)
vne cotte-mal-taillée, & pour
venir à vn accommodement
chacun

chacun doit perdre quelque chose du sien. L'Eglise n'en fait pas de mesme, comme elle est vierge, & incorruptible en ce qui touche la Foy, elle ne reçoit jamais aucune paix qui puisse tant soit peu blesser son integrité; & elle se mocque de ces Polytiques du monde, qui voudroient qu'elle relaschât quelque chose de ses droicts, pour le bien apparent de quelque fausse paix. Lors que les Arriens luy ont offert la paix, pourueu que l'on ne parlât point de l'*Omousios,* qui fut inseré dans le Symbole par le Concile de Nicée, elle ne les a point écoutez; ny lors qu'ils ont insisté, qu'au lieu d'*Omousios* on mit *Omiousios.* Ces conditions, qui d'abord sem-

R

bloient raisonnables , puis qu'elles estoient proposées sous l'apparence d'vn bien tres-considerable, sçauoir de faire cesser vn des grands troubles dont l'Eglise ait esté jamais affligée, furent rejettées comme injustes,& tres-dommageables à la foy Catholique.

En effet l'Histoire Ecclesiastique nous apprend que les Euesques du Concile de Rimini, s'estans laissez persuader qu'on ne parleroit point du mot de *Substance*, dans l'esperance qu'ils auoient que par ce silence on rétabliroit la paix de l'Eglise ; leur simplicité fut cause que les Arriens firent trophée de cét accommodement, & que leur party reprit de nouuelles forces; ne croyant pas auoir moins fait en obtenant qu'on garderoit le silence touchant le mot de *Substance*, que si on eut declaré nul tout ce qui auoit esté fait contre eux dans le Concile de Nicée. De quoy S. Hierosme fait de grandes lamentations dans le dialogue contre les Luciferiens, où il dit entre autres choses fort remarquables, que l'infidelité fut écrite & authorisée sous le nom d'Vnion, & de Foy. Que pouuoit-on demander de moins important en apparence, que d'adjouster vne seule lettre à vn mot du Symbole, ou de garder le silence touchant ce mot, & n'en parler point du tout? L'Eglise ne deuoit-elle pas vser en cette occasion d'vn peu de

Sub Rege Constantio, Eusebio, & Hypatio Consulibus, nomine vnitatis & fidei infidelitas scripta est,

Idem Regi, & bonis omnibus curæ fuerat, vt Oriens atque Occidens communionis sibi vinculo necterentur.

Tunc Vsiæ nomen abolitum est, tunc Nicœnæ fidei damnatio conclamata; Ingemuit totus orbis, & Arianumse esse miratus est.

condescendance, pour reünir ensemble tant de Prelats, qui n'estoient diuisez les vns des autres qu'au sujet de cette seule parole ? Les Polytiques de la terre auroient esté de cét aduis ; cependant l'experience fit bien voir combien cette moderation apporta de dommage à la foy Catholique ; puisque l'heresie d'Arrius en tira vn si grand aduantage, que sans vne Prouidence particuliere de Dieu, qui n'abandonne jamais son Eglise, elle eust rendu inutile le Symbole du Concile de Nicée ; qui estoit comme vne forteresse, par laquelle seule les Catholiques pouuoient empescher que cette heresie ne se répandît par toute la terre. Ce qu'on demande presen-

tement, n'est pas moins in-
juste. Les Iansenistes veulent
qu'on ne les oblige point à
condamner les Propositions
dans le sens de Iansenius, &
qu'on se contente seulement
que pour ce poinct ils gardent
le silence, & qu'ils témoignent
du respect & de la docilité pour
la Constitution du Pape. Cela veut dire qu'ils demandent
que cette Constitution soit
cassée, comme vne chose inutile, fausse, & injurieuse à la me-
moire de l'Euesque d'Ypre:
que le Pape chante la Palino-
die, & qu'il retracte honteu-
sement la Censure qu'il a faite de la doctrine de ce Prelat;
& cela s'appelle dans la Morale des Iansenistes, auoir du
respect & de la docilité pour

la Conſtitution du Pape. Ces Moyenneurs de Paix veulent encore qu'on croye non ſeulement que ceux qu'on nomme Ianſeniſtes ſont des perſonnes tres-Catholiques, & tres-vertueuſes ; mais meſme qu'ils ſont tres-affectionnez au Saint Siege de Rome: & qu'au contraire tous ceux qui écriuent contr'eux, ſont les vrays ennemis du Pape qui le trahiſſent, ſous pretexte de defendre & de faire obſeruer ſa Conſtitution. Puis qu'en luy rendant ce ſeruice qui ſemble fort ſincere, & obligeant en apparence, ils donnent ſujet de croire qu'il approuue leur procedé ; bien qu'il ſoit injuſte, violent, tyrannique, contraire à la pratique de l'E-

glife & mesme à la Foy Catholique. Ce qui ne peut estre que
tres-injurieux au Saint Siege,
& qui est capable de beaucoup
diminuer de la grande opinion
qu'on doit auoir de la prudence, & de la charité de ceux qui
l'occupent. Ne voilà pas vne
riche pensée?

Ie suis fort trompé si jamais
le Pape achete la paix des Iansenistes à si haut prix ; & si j'e-
stois capable de conseiller ces
Mediateurs charitables qui
ont de si belles idées de la vertu & de l'innocence de ces
Messieurs, & qui s'employent
à moyenner vne paix qui leur
seroit si honorable, & si desad-
uantageuse à l'Eglise ; je les
prierois de les porter serieusement à quitter ces pensées si

R iiij

vaines & si presomptueuses qui
n'auront jamais d'effet. Ils doiuent representer à ces obstinez
que la seule voye pour auoir la
paix auec le Pape est de s'humi-
lier, d'obeïr à ses ordres, de
garder sa Constitution en la
maniere qu'il le desire, & de
condamner les Cinq Propositions dans le sens de Iansenius.
Sans cela l'Eglise les regardera
toûjours comme des personnes desobeïssantes, schismatiques, heretiques, & qui ne sont
point de sa Communion; tant
s'en faut qu'elle voye en leur
procedé aucune marque de respect, d'obeïssance, de docilité,
& d'vne amitié sincere & filia-
le : comme on voudroit persuader contre vne verité con-
stante, & publique, par la plus

grande de toutes les illusions.
Nous auons prouué cette verité si amplement par diuers
exemples de l'ancien vsage de
l'Eglise, qu'il semble superflu
d'adjouster d'autres preuues à
celles-là. Veu mesme que des
miracles ne suffiroient pas pour
persuader la verité à des obstinez qui luy ferment volontai-
rement les yeux, & qui se plai-
sent dans leur aueuglement.
Ie me contenteray donc d'adjouster icy deux exemples considerables qui seruiront du
moins à consoler, & à fortifier
les Catholiques dans l'humble
obeïssance qu'ils rendent au
Vicaire de Iesvs-Christ,
approuuant generalement tout
ce que sa Sainteté approuue
aux choses de la Foy, & con-

damnant ce qu'elle condamne. Comme aussi dans la sainte
disposition où ils se trouuent
de ne vouloir point de paix &
d'vnion auec luy qu'aux conditions que sa bonté paternelle
jugera à propos de leur impo-
ser : tant s'en faut qu'ils ayent
assez de presomption pour vouloir luy en prescrire les loix.

Le premier exemple est pris
de cette grande mesintelligen-
ce qui arriua entre Saint Cyrille Patriarche d'Alexandrie, &
Iean Patriarche d'Antioche au
sujet de la deposition de Nestorius, qui fut faite par le
Concile d'Ephese, où Saint Cyrille presidoit. Tous les Euesˉ
ques d'Orient estoient parta-
gez en cette querelle ; les vns
tenans le party de Saint Cyril-

le, & les autres celuy du Pa-
tiarche d'Antioche. Enfin, il
fallut venir à vn accord par le
commandement de l'Empe-
reur, qui ne pouuoit souffrir
que toute l'Eglise fust broüil-
lée par la desunion de ces deux
Patriarches. Il ne seruiroit de
rien de rapporter icy tout ce
qui se fit de part & d'autre, deuant que de venir à vn accommodement. Il suffit de dire que
comme Saint Cyrille ne vou- *On apprend*
loit point receuoir à sa Com- *tout cecy*
par les let-
munion le Patriarche d'Antio- *tres de S.*
che, qu'à la charge qu'il ap- *Cyrille.*
prouuât auec son Concile la deposition de Nestorius, & qu'il
dît anatheme à sa doctrine.
Ce Patriarche aussi demandoit
reciproquement que S. Cyrille
retractât quelques vns de ses

écrits, qui selon son jugement
fauorisoient l'heresie d'Apol-
linaire. Mais Saint Cyrille se
mocqua de cette proposition,
soustenant fortement que toute sa doctrine estoit Catholique, & qu'il n'y auoit rien à
retracter. De sorte qu'il fallut
que le Patriarche d'Antioche
se contentât de cela ; au lieu
qu'il fut obligé de sa part auec
tous les Euesques de son Concile, d'approuuer la deposition
de Nestorius, & de dire anatheme à sa doctrine. Par ce
moyen Saint Cyrille les receut
à sa Communion, & toutes
les broüilleries qui s'estoient
émeuës à leur occasion entre
les Orientaux, furent appai-
sées. Ie ne doute pas que les
Politiques n'eussent blasmé S.

Cyrille , voyant qu'il refusoit obstinement vne condition qui pouuoit aisement s'accomplir , en donnant vne declaration par écrit de peu de lignes; & que par ce refus il sembloit preferer vn petit interest à la paix de tout l'Orient. Mais l'Esprit de Dieu ne se conduit pas par les regles de la sagesse humaine : puis que la doctrine de Saint Cyrille estoit bonne & Catholique, c'eust esté vne fausse humilité de la retracter, & ses ennemis en eussent tiré de l'aduantage. D'autre part ses écrits ayant esté approuuez par le Concile d'Ephese , il n'estoit plus en sa disposition d'y toucher , & il ne pouuoit les corriger sans blesser l'authorité, & l'infallibilité de cet-

te sainte Assemblée. D'où l'on
peut juger s'il y a de l'apparence que pour appaiser les Iansenistes, le Pape puisse se resou-
dre à ruïner sa propre Constitution auec celle de son prede-
cesseur; comme il le faudroit
s'il vouloit souffrir que la doctrine de Iansenius fust espar-
gnée, & qu'il leur fust toûjours
permis de la soustenir comme
tres veritable & tres-Catholique. Il a fallu que le Patriarche
d'Antioche cedât à celuy d'A-
lexandrie, & que pour auoir la
paix auec luy, il prononçât anatheme contre Nestorius, &
contre sa doctrine; Et quelques
inconnus ont bien la presomption de tenir teste au Pape, &
de vouloir l'emporter sur luy,
refusant de receuoir sa Consti-

tution qu'à la charge qu'ils ne condamneront point la doctrine de Iansenius ; quoy qu'elle ne soit faite que pour cela, & que ce soit par consequent la rendre inutile, & ridicule que de ne point l'admettre en ce qui regarde cette condamnation.

L'autre exemple se prend de cette celebre vnion des Grecs & des Armeniens, qui se fit au Concile de Florence auec l'Eglise Romaine. Car cette vnion fut concluë par la deference que les Grecs rendirent à l'Eglise Romaine, en receuant sa doctrine touchant quelques poincts de foy qu'ils n'admettoient point auparauant : sur tout en ce qui regarde la Procession du S. Esprit, ayant

confeſſé enfin apres beaucoup
de diſputes , qu'il procede du
Pere & du Fils , comme d'vn
ſeul principe. De meſme le Pape Eugene I V. fit dreſſer vne
Inſtruction pour les Armeniens, par laquelle il les obli-
geoit 1. d'adjouſter au Symbole ces paroles , *Filioque* , pour
montrer qu'ils croyoient auec
l'Egliſe Romaine, que le S. Eſprit procede non ſeulement du
Pere, mais auſſi du Fils. 2. De
receuoir la definition du Concile de Calcedoine , touchant
les deux Natures de I E S V S-
C H R I S T dans vne meſme perſonne. 3. De receuoir la definition du ſixiéme Concile touchant les deux volontez, & les
deux operations de I E S V S-
C H R I S T. 4. De receuoir non
ſeulement

seulement les Conciles generaux de Nicée, de Constantinople & d'Ephese, mais aussi
tous les autres qui ont esté legitimement celebrez par l'authorité du Pontife Romain, &
de respecter S. Leon comme
vn Saint, & comme la Colomne
de la verité. 5. De receuoir les
sept Sacremens auec leur matiere, forme, & Ministre, selon
l'vsage de l'Eglise Romaine ; &
de mettre vn peu d'eau dans
le vin durant le sacrifice de la
Messe. 6. De receuoir le Symbole de Saint Athanase. 7. De
receuoir le Decret d'vnion qui
auoit esté fait pour les Grecs,
auec les poincts de foy qui y
auoient esté decidez, touchant
la procession du S. Esprit, les
peines de Purgatoire, & d'En-

fer ; la plenitude de puiſſance donnée par IESVS-CHRIST à Saint Pierre & à ſes ſucceſſeurs, &c. 8. De celebrer quelques Feſtes qui ſont marquées. À quoy les Ambaſſadeurs d'Armenie reſpondent tant en leur nom, qu'en celuy de leur Patriarche, & de tous les Armeniens, Qu'ils reçoiuent auec toute ſorte de deuotion & d'obeïſſance, ce Decret tres-ſalutaire, & toutes ces Definitions & Ordonnances, & toute la doctrine qui eſt enſeignée par le S. Siege de l'Egliſe Apoſtolique & Romaine. Ils diſent de plus, qu'ils approuuent tous les SS. Peres & Docteurs que l'Egliſe Romaine approuue ; qu'ils condamnent & rejettent auſſi toutes les perſonnes, &

toutes les chofes qu'elle rejette & condamne : & enfin que
comme vrays enfans d'obeïffance, ils promettent d'executer auec vne entiere fidelité,
tout ce qui leur fera prefcrit
& ordonné de la part du Saint
Siege.

Confiderez, Lecteur, que
les Grecs viennent auec leur
Empereur & leur Patriarche,
demander la paix au Pontife
Romain. Ils quittent leur païs
pour fe trouuer au Concile de
Florence, où cette grande affaire doit eftre traittée. Pour
conclufion, le Pape les reçoit
à la Communion de l'Eglife,
moyennant qu'ils quittent
leurs Erreurs, & qu'ils recon-
noiffent la fouueraine authorité du Pontife Romain. Mais

parce que le sujet principal
pourquoy ils s'estoient separez
de l'Eglise Romaine, estoit cette grande obstination qu'ils
auoient témoignée à soûtenir
que le S. Esprit ne procedoit
que du Pere , ils furent enfin
contrains de confesser qu'il
procede ensemble du Pere &
du Fils ; & par ce moyen l'v-
nion fut concluë & arrestée
auec eux.

De mesme le Patriarche
d'Armenie, auec tous les peuples qui luy font soûmis, enuoye des Ambassadeurs au mesme Concile, afin d'estre admis
à la Communion de l'Eglise
Romaine. Par leur entremise il
fait hommage à Iesvs-Christ
en la personne de son Vicaire,
luy demandant la paix auec

toute humilité, & aux conditions qu'il luy plaira luy im-
poſer, & à tous ſes Sujets. Il
promet de ſuiure deſormais
toute la doctrine de l'Egliſe
Romaine, d'approuuer tout ce
qu'elle approuue, de rejetter
ce qu'elle rejette, & d'obeïr à
tous les ordres qui luy ſeront
preſentez de la part du ſouue-
rain Pontife de Rome : & par
cette ſoûmiſſion il obtient la
grace qu'il demande, & eſt admis à la Communion de l'E-
gliſe.

Apres des exemples ſi illu-
ſtres de la maniere dont il faut
traitter auec l'Egliſe Romaine
pour entrer dans ſon vnion; n'y
a-t'il pas dequoy admirer la vanité preſomptueuſe & folle de
nos faiſeurs de Libelles, qui of-

frent de donner la paix au Pape ; à la charge qu'il leur permette de ſe mocquer de luy & de ſa Bulle, en détournant ſa Cenſure de deſſus la doctrine de Ianſenius ? Encore trouuent-ils des perſonnes aſſez peu éclairées pour trauailler à leur moyenner prés du Pape cette ſorte d'accommodement, qui eſt ſans doute plus choquant & plus ridicule que celuy que les Arriens voulurent faire auec le Pape Iules ; lors qu'ils luy offrirent de l'admettre à leur Communion, pourueu qu'il approuuât l'injuſtice qu'ils auoient faite en dépoſant S. Athanaſe, & quelques autres Eueſques qui n'eſtoient pas de leur ſentiment touchant la doctrine d'Arrius.

Hiſtoria Tripartita, lib. 4. cap. 16.

Pour mettre fin à ce petit Ouurage, je prie Dieu de tout mon cœur qu'il éclaire ces aueugles, & qu'il leur fasse bien comprendre ces deux veritez tres-importantes. La premiere, que hors l'Eglise Romaine il n'y a point de salut, comme tous les Catholiques en sont d'accord. La seconde, que c'est estre hors l'Eglise Romaine que de ne vouloir pas condamner auec elle les Cinq Propositions dans le sens de Iansenius, comme nous l'auons prouué plus que suffisamment. D'où il s'ensuit que les autheurs des libelles que nous venons de combattre, & tous ceux qui sont attachez à leur party ne doiuent rien esperer dans la gloire éternelle, tandis qu'ils refuſent obſtinément de ſouſcrire au Formulaire des Eueſques, en ce qu'il oblige en conſcience d'obeïr aux Conſtitutions d'Innocent X. & d'Alexandre VII. & de condamner de cœur & de bouche la doctrine des Cinq Propoſitions de Cornelius Ianſenius, contenuë dans ſon Liure intitulé Auguſtinus, que ces deux Papes & les Eueſques ont condamnée. Puis que ce refus ne peut venir que d'vn Eſprit heretique, & entierement éloigné de la Foy, de la Pratique, & de la Communion de l'Egliſe Romaine.

F I N.